Variable Vergütung im Vertrieb

Heinz-Peter Kieser

Variable Vergütung im Vertrieb

10 Bausteine für eine motivierende
Entlohnung im Außen- und Innendienst

2., überarbeitete Auflage

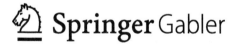

Heinz-Peter Kieser
Walldürn-Hornbach, Deutschland

ISBN 978-3-658-07143-1   ISBN 978-3-658-07144-8 (eBook)
DOI 10.1007/978-3-658-07144-8

Die Deutsche Nationalbibliothek verzeichnet diese Publikation in der Deutschen National-
bibliografie; detaillierte bibliografische Daten sind im Internet über http://dnb.d-nb.de abrufbar.

Springer Gabler
© Springer Fachmedien Wiesbaden 2012, 2016

Lektorat: Manuela Eckstein

Gedruckt auf säurefreiem und chlorfrei gebleichtem Papier

Springer Gabler ist Teil von Springer Nature
Die eingetragene Gesellschaft ist Springer Fachmedien Wiesbaden GmbH

Vorwort zur 2. Auflage

[handschriftliche Notizen]

Im Rahmen einer Befragung der Deutschen Verkaufsleiterschule (DVS) bei über 1000 Fach- und Führungskräften des Vertriebs gaben über 50 % der Teilnehmer auf die Frage „Was würde Sie selbst zu mehr Engagement motivieren?" die Antwort „Aussicht auf höheres Gehalt." Es handelt sich um den Aspekt mit den meisten Nennungen (weitere Antworten waren: „Aussicht auf Führungsverantwortung", „Bildungsangebote", „Anerkennung und Würdigung" etc.; alle diese Antworten lagen unter 50 % der Nennungen). Also scheinen trotz aller gegenteiligen Diskussionen die pekuniären Anreize nach wie vor ein sehr wichtiger Motivator zu sein. Dabei ist nachvollziehbar, dass Mitarbeiter ein risikofreies Einkommen wünschen, ein Einkommen gewissermaßen unabhängig von den erbrachten Leistungen/Ergebnissen. Es ist gleichermaßen nachvollziehbar, dass Unternehmen dies nicht wünschen können: Aus Sicht der Unternehmen muss (und darf) der erfolgreiche Mitarbeiter (High Performer) mehr verdienen als der Low Performer. Nun argumentieren die Verfechter einer reinen Fixvergütung dahingehend, den erfolgreichen Mitarbeiter mit einer Gehaltserhöhung zu bedenken.

Wenn man also variable Vergütung im Vertrieb ablehnt, dann muss man dem besonders erfolgreichen Mitarbeiter eine Gehaltserhöhung geben. Nur: Nach geltendem Arbeitsrecht lässt sich diese Entscheidung nicht rückgängig machen, auch dann nicht, wenn die Erfolgssträhne des Mitarbeiters enden sollte. Im Rahmen meiner Vergütungsberatung treffe ich des Öfteren auf den „ehemals erfolgreichen" Mitarbeiter, der den Job „etwas ruhiger" angehen lässt und unter seinen Leistungsmöglichkeiten bleibt.

Die Gehaltserhöhung stellt also nicht den „Königsweg" dar. Offenbar wäre die Alternative ein Einkommensanteil, der mit der Mitarbeiterleistung „atmet", der in gewisser Weise ein Pendant zu den Ergebnissen schafft, die der Mitarbeiter abliefert. Also: Nicht der Schritt in die „Fixkosten-Falle" scheint die Lösung des

Problems zu sein, sondern ein „atmender" Einkommensanteil, der mit der Leistung des Mitarbeiters parallel verläuft – eben ein System der variablen Vergütung im Vertrieb.

Die derzeitige Diskussion um variable Vergütung im Vertrieb reduziert sich auffälliger Weise auf den Aspekt der Motivation – als ob dies die einzige Aufgabe der variablen Vergütung im Vertrieb darstellen würde. Eine der tragenden Säulen moderner variabler Vergütung im Vertrieb ist vielmehr der Gedanke der Führung und Steuerung, die das System leistet. Die zweite Säule ist der Aspekt, über die variable Vergütung im Vertrieb so etwas wie Einkommensgerechtigkeit zustande kommen zu lassen.

Was den Aspekt der Führung und Steuerung anbetrifft, so wird der Mitarbeiter heute im Rahmen des Vergütungssystems in Ziele eingebunden, die mit den Unternehmenszielen korrespondieren. Die moderne variable Vergütung im Vertrieb erfolgt demnach nicht mehr über die klassischen Provisionen, sondern über Zielprämien. Diese vergüten gewissermaßen die gute Leistung „um ein Ziel herum", während bei herkömmlichen Provisionen der größte Teil der variablen Vergütung für eine sich ständig wiederholende Vergütung von Basis- oder Vergangenheitsleistungen aufgewendet wird. Die zielorientierte variable Vergütung im Vertrieb wird so zum Verstärker eines modernen Führungs- und Steuerungsansatzes. Dazu kommt, dass diese Vergütungskonzepte mit ausgesprochen steil verlaufenden variablen Vergütungskurven arbeiten, sodass sich Zielerfüllung bzw. Mehrleistung für den Mitarbeiter auszahlt – viel stärker als bei klassischen Provisionen.

Was den Aspekt einer leistungsgerechten Vergütung im Vertrieb anbelangt, entwickeln die Mitarbeiter ein feines Gespür dafür, ob das vorhandene Vergütungssystem gerechte oder ungerechte Vergütungen generiert. Ein beständig leistungsstarker Mitarbeiter, der das gleiche Einkommen erhält wie sein leistungsschwächerer Kollege, wird erfahrungsgemäß nachhaltig demotiviert.

Wie ergibt sich in einer zielorientierten variablen Vergütung im Vertrieb nun aber eine höhere Einkommensgerechtigkeit? Die Mitarbeiter werden in differenzierte Ziele eingebunden, die die jeweiligen Voraussetzungen im Verantwortungsbereich des Mitarbeiters berücksichtigen. So kann z. B. ein Mitarbeiter mit einem potenzialschwächeren Vertriebsgebiet genauso viel verdienen wie ein Mitarbeiter in einem potenzialstärkeren Gebiet. Was im Rahmen der variablen Vergütung im Vertrieb vergütet werden soll, ist ja schließlich die Leistung und nicht etwa Zufälligkeit.

Variable Vergütung im Vertrieb leistet also mehr als „nur" Motivation. Sie ist unentbehrlich, wenn Mitarbeiter nicht nur in Ziele eingebunden werden sollen, sondern diese Ziele verbindlich werden sollen. Variable Vergütung im Vertrieb ist

darüber hinaus unverzichtbar, wenn es darum geht, gerechte Einkommen entstehen zu lassen, die mit der Leistung des Mitarbeiters „atmen".

Die zweite Auflage des Buchs beinhaltet einige Erweiterungen im Vergleich
zur ersten Auflage. Hierzu zählen insbesondere drei zusätzliche Fallbeispiele, um
die das Kap. 3 erweitert wurde. Darüber hinaus erhalten Sie in Kap. 5 wichtige
Tipps für die Gestaltung eines wirkungsvollen variablen Vergütungssystems im
Vertrieb.

Walldürn-Hornbach   Heinz-Peter Kieser
im April 2016

Vorwort

In den vergangenen zehn bis 15 Jahren haben sich in unseren Märkten nachhaltige Änderungen ergeben wie in keinem vergleichbaren Zeitraum zuvor. Nie änderten sich Marktstrukturen und Kundenanforderungen grundlegender, waren die Lebenszyklen der Produkte kürzer, stiegen die Anforderungen an Vertrieb und Verkauf schneller. In allen Bereichen des Unternehmens hat die Komplexität zugenommen, neue Strukturen im Vertrieb und in den Verkaufsabteilungen mussten als Antwort gefunden werden.

Umso mehr erstaunt es, dass die Führungs- und Vergütungsstrukturen, die bei vielen Unternehmen noch im Einsatz sind, mit den gestiegenen Anforderungen an die Unternehmen nicht Schritt gehalten haben. Die Ziele im Vertrieb unterscheiden sich oft von denjenigen, die bei der Vergütung zugrunde gelegt werden. Die variable Vergütung beschränkt sich häufig auf den Außendienst, statt Innendienst, Service, Produktmanagement, Logistik etc. mit einzubeziehen. Meist sind wenig attraktive und nur schwach motivierende Steuerungs- und Vergütungsinstrumente im Einsatz, die an den eigentlichen Interessen des Unternehmens vorbeigehen.

Nicht selten bestimmen Zufälligkeiten wie etwa die Potenzialstärke eines Vertriebsgebiets das Einkommen der Mitarbeiter anstelle der eigenständigen, selbst erbrachten Leistung. Meist besitzen die Vergütungssysteme zu wenig Flexibilität und Anpassungsfähigkeit, um auf neue Anforderungen der Märkte nachhaltig reagieren zu können. Sie ignorieren die Tatsache, dass sich Vertrieb und Verkauf immer mehr zu einem Team-Thema entwickelt haben, das auch bzgl. der Führung und Vergütung entsprechende Antworten einfordert. Dazu kommt, dass die variablen Einkommensanteile der Mitarbeiter oft zu niedrig sind, um Nachhaltigkeit zu bewirken, oder sie sind zu hoch und damit arbeitsrechtlich im Abseits.

Das vorliegende Buch zeigt praxisnah auf, welche Charakteristika ein gut gestaltetes und wirkungsvolles variables Vergütungssystem im Vertrieb besitzen sollte. Mein erstes Buch („Moderne Vergütung im Verkauf") sollte die

Grundlagen moderner variabler Vergütung von Vertriebsmitarbeitern beleuchten und gilt heute noch als Basiswerk der leistungsorientierten Vergütung im Vertrieb. Mit dem hier vorliegenden Buch möchte ich eine praxisorientierte Anleitung zur Einführung eines effektiven Führungs- und Vergütungssystems geben.

Die „zehn Bausteine" zeigen, worauf es bei einem effektiven variablen Vergütungssystem im Vertrieb ankommt und wie es zugeschnitten sein sollte, welche Elemente es enthalten sollte und wie es technisch funktioniert.

Das Kapitel „Fallbeispiele" zeigt anhand von sechs Unternehmen ganz konkret, wie solche Vergütungsmodelle in der Praxis umgesetzt werden und wie die verschiedenen Mitarbeiterbereiche miteinander über das Vergütungssystem vernetzt werden.

Das letzte Kapitel befasst sich mit der Frage, was arbeitsrechtlich und psychologisch bei der Änderung eines bestehenden bzw. bei der Einführung eines neuen Vergütungssystems zu beachten ist, wie dabei vorgegangen werden sollte, wie Mitarbeiter und Betriebsräte in das Projekt eingebunden werden und wie das sensible Thema angepackt werden muss.

Das Buch ist für Führungskräfte in der Praxis geschrieben. Es soll als Leitfaden für die Einführung eines wirkungsvollen variablen Vergütungssystems im eigenen Unternehmen dienen.

Ich wünsche Ihnen viel Erfolg bei dieser spannenden Aufgabe.

Walldürn-Hornbach   Heinz-Peter Kieser
im November 2011

Einleitung

Der überwiegende Teil der Vertriebsmitarbeiter im Außen- und Innendienst wird derzeit bereits variabel vergütet. Dabei steht das Thema der variablen Vergütung stets im Fokus der Vertriebsführungskräfte: Sie erkennen in diesem Instrument in aller Regel ein wesentliches Werkzeug zur Steuerung und Führung der Mitarbeiter einerseits, zur Motivation hin zu guten Leistungen andererseits.

Unter dem Oberbegriff *variable Vergütung* werden aber oft sehr unterschiedliche Vergütungsansätze zusammengefasst:

▶ Ein Mitarbeiter wird dann variabel vergütet, wenn ein Teil seines Einkommens von einer Erfolgsgröße abhängig ist. Die Frage ist dabei, ob es sich um eine Erfolgsgröße handelt, die der Mitarbeiter *selbst beeinflussen* kann, oder um eine Erfolgsgröße, die gewissermaßen fremd bestimmt ist, weil der Mitarbeiter *keinen unmittelbaren Einfluss* darauf hat. Beides wird seitens zahlreicher Führungskräfte nicht nur (relativ undifferenziert) als variable Vergütung bezeichnet, sondern es werden vonseiten der Führungskräfte erstaunlicherweise mit beiden Entlohnungsansätzen oft die gleichen Erwartungen verbunden.

Variable Vergütung im Sinne einer allgemeinen Erfolgsbeteiligung (z. B. Einbindung der Mitarbeiter in ein Vertriebs-Gesamtergebnis oder gar in ein Unternehmensergebnis) soll helfen – so die Erwartungen –, den Mitarbeiter für seine Aufgabe zu interessieren, ihn ans Unternehmen zu binden und vor allem ihn zu motivieren, engagiert und leistungsbewusst zu agieren.

Als Berater für leistungsbezogene Vergütungssysteme wundert mich immer wieder, wie unkritisch heute der Begriff *variable Vergütung* verwendet wird. Dabei wird so getan, als ob die Einbindung der Mitarbeiter in eine Prämie, die von einem Gesamtergebnis abhängt (häufig bei der Vergütung von Innendienstmitarbeitern gebräuchlich), die gleichen oder zumindest ähnliche Wirkungen entfalten würde wie eine Vergütung, die an *persönlichen* Leistungsergebnissen des Mitarbeiters (oder denen eines kleinen Teams) festgemacht ist. Dabei handelt es sich im Grunde um zwei völlig verschiedene Vergütungswelten. Jede von ihnen zeitigt auch völlig verschiedene Wirkungen auf die Mitarbeiter, was in der allgemein geführten Diskussion meist nicht deutlich wird. Vor allem wird die Form der variablen Vergütung als *Ergebnisbeteiligung* völlig zu Unrecht mit der Erwartung befrachtet, sie wirke motivierend und leistungssteigernd. Was kann diese Vergütungsform aber wirklich – und was kann sie nicht?

▶ Ergebnisbeteiligung, also die Einbeziehung der Mitarbeiter in ein irgendwie geartetes Kollektivergebnis (vertriebs- oder unternehmensbezogen), hat eher *kulturellen* Charakter: Dem Mitarbeiter wird dadurch verdeutlicht, dass er ein Teil des Ganzen ist, er bekommt „Wohl und Wehe" des Unternehmens/des Bereichs (z. B. Vertrieb) vermittelt. Daraus erhofft man sich eine höhere Identifikation des Mitarbeiters mit dem Unternehmen und in der Folge davon eine stärkere Leistungsmotivation.

In der Praxis ist allerdings festzustellen, dass die Hoffnung auf mehr Engagement und Leistungsmotivation durch Mitarbeiter-Ergebnisbeteiligung ins Leere läuft. Der größte Teil der Mitarbeiter, die auf diese Weise vergütet werden, kann sich mit einer allgemeinen Erfolgsgröße nicht oder kaum identifizieren. Bis hinein ins mittlere Management sind allgemeine Erfolgskriterien überdies oft sehr undurchsichtig und wenig aussagefähig. Die Mitarbeiter vereinnahmen diesen variablen Teil ihrer Vergütung, ohne einen nennenswerten Bezug zu den Leistungen der eigenen Person herstellen zu können. Die variable Entlohnung wird als fester Einkommensbestandteil eingeplant. Entfällt in einem Jahr die Ausschüttung wegen schlechter Unternehmens- oder Vertriebsergebnisse, sind Frust und Demotivation nicht selten mit Händen zu greifen.

Dies ist auch dadurch bedingt, dass derartige ergebnisabhängige Ausschüttungen meist mit großem Zeitverzug und nur einmal im Jahr erfolgen, sodass die Ausschüttung nicht mehr in Zusammenhang mit dem Ergebnis gebracht werden kann – schon gar nicht mit dem Ergebnis der eigenen Arbeit.

Als Vorteil dieser Vergütungsform ist anzuführen, dass sie einfach zu handhaben ist. Ihr großer Nachteil besteht darin, dass sie äußerst ungerecht ist: Leistungsstarke Mitarbeiter erhalten die gleiche Vergütung wie leistungsschwache, da völlig undifferenziert nach dem „Gießkannen-Prinzip" verfahren wird. Die (für eine erfolgreiche Vertriebssteuerung notwendige) Differenzierung der Vergütung zwischen Gut- und Schlechtleistern unterbleibt.

Beabsichtigt man mit variabler Vergütung allerdings Leistungssteigerung und entsprechende Verhaltensveränderungen der Mitarbeiter, funktioniert dies nur mit einer Vergütungskomponente, die an der *persönlichen Leistung* des Mitarbeiters oder an der Leistung eines kleinen Teams andockt.

▶ Bei der *variablen Vergütung*, wie sie im vorliegenden Buch verstanden wird, handelt es sich um einen nennenswerten, d. h. spürbaren Einkommensanteil, der von der Zielerreichung des Mitarbeiters oder eines kleinen Teams abhängt. Der Mitarbeiter wird in verschiedene Leistungsziele eingebunden, die sein individuelles Arbeitsumfeld (bzw. das eines Teams) betreffen und vom Mitarbeiter unmittelbar beeinflusst werden können. Die Höhe der variablen Vergütung richtet sich dabei nach dem Grad der Zielerreichung: Zielübererfüllungen führen zu deutlichem Mehreinkommen, Zieluntererfüllungen zu erlebtem Mindereinkommen.

Solche Vergütungsansätze binden den Mitarbeiter in seine persönlichen Ergebnisse ein. Er hat es in der Hand, sein Einkommen durch seine *eigene Leistung* zu bestimmen. Gutleister und Schlechtleister differenzieren sich deutlich in ihrem Gesamteinkommen, da gut gemachte Vergütungssysteme mit steil verlaufenden Vergütungskurven arbeiten. Auf diese Weise lohnt sich Mehrleistung deutlich, Minderleistung führt allerdings auch zu spürbarem Einkommensverlust.

Moderne leistungsorientierte Vergütungssysteme haben viel mit Führung und Steuerung der Mitarbeiter zu tun: Über die Ziele des Vergütungssystems werden die Mitarbeiter in die Ziele des Unternehmens bzw. des Vertriebs eingebunden. Versteht man Unternehmen als gewinnorientierte Organisationen, braucht es Leistungsorientierung. Dabei gibt es keinen Grund, irgendeinen Mitarbeiter im Unternehmen *nicht* leistungsorientiert zu führen und zu vergüten. So versteht sich moderne Vergütung als ganzheitlicher Ansatz: Möglichst alle Mitarbeiter sollen (in verschiedenen zeitlichen Etappen) in das Vergütungssystem eingebunden werden, wobei sich die Leistungskriterien, die vergütet werden, wechselseitig stützen.

Das vorliegende Buch befasst sich ausschließlich mit der variablen Vergütung von Vertriebsmitarbeitern im Außen- und Innendienst. Gut gemachte Vergütungssysteme binden durchaus weitere Mitarbeiter-Bereiche in die variable Vergütung ein, und zwar so, dass sich die Leistungskriterien wechselseitig fördern. Beispielsweise werden im Produktmanagement, in der Produktion, im Einkauf etc. Leistungskriterien vergütet, die auf Kundennähe, Produktqualität, Termineinhaltung usw. setzen. Gute Leistungen in diesen Bereichen stützen wieder die Erfolge im Vertrieb. Der Leitfaden des vorliegenden Buchs kann wie folgt umrissen werden:

Merkmale guter Vergütungssysteme

- Gut gemachte Vergütungssysteme binden die Mitarbeiter in *nennenswerte* variable Einkommensanteile ein.
- Sie arbeiten mit *Zielprämien,* die an persönlichen Ergebnissen des Mitarbeiters oder eines kleinen Teams festmachen.
- Die Vergütungskurve verläuft steil, damit sich *Mehrleistung lohnt.*
- In das variable Vergütungssystem werden *zahlreiche Mitarbeiter* eingebunden, sodass die Ziele Nachhaltigkeit bekommen.
- Die vergüteten Leistungskriterien machen u. a. an *Deckungsbeiträgen* und *Kosten* des Mitarbeiters/des Teams fest, um das Unternehmensergebnis sicherzustellen.
- Führung, Steuerung und Vergütung bilden eine Einheit. Leistungsorientierte Vergütung fungiert somit als *Verstärker des Führungsansatzes.*

Insofern setzt leistungsorientierte Vergütung, wie sie hier verstanden wird, *vor* dem Unternehmensergebnis an, will die Mitarbeiter in Ziele einbinden, deren Erfüllung ein gutes Unternehmensergebnis sicherstellt. Erfolgsbeteiligung dagegen setzt immer *nach* dem Unternehmensergebnis an, nämlich dann, wenn nichts mehr beeinflusst, sondern nur noch verteilt werden kann.

Inhaltsverzeichnis

Der Autor

 **Dr. Heinz-Peter Kieser** ist Inhaber der Managementberatung Dr. Finkenrath Dr. Kieser + Partner. Er studierte Wirtschaftswissenschaften an der Universität Mannheim und promovierte 1973 zum Dr. rer. pol. über das Thema „Artificial Intelligence und deren Einsatz für Business-Lösungen". Danach hatte er leitende Positionen im Vertrieb inne, zuletzt als Geschäftsführer eines Unternehmens der Konsumgüterbranche. Seit 1987 ist Dr. Kieser als selbstständiger Unternehmensberater tätig. Zu seinen Klienten zählen Unternehmen aus Industrie, Großhandel und Dienstleistung in zahlreichen Branchen. Schwerpunkte der Beratungstätigkeit liegen in den Bereichen Marketing, Vertrieb und Controlling. Sein spezielles Aufgabengebiet ist die Einführung von leistungsorientierten Vergütungskonzepten in Vertrieb, Einkauf, Warenwirtschaft, Technik, Produktion und Verwaltung. Im Rahmen seiner Beratungstätigkeit wurden über 800 Unternehmen auf neue Vergütungssysteme umgestellt, jeweils unter Einbeziehung der Mitarbeiter, Führungskräfte und Betriebsräte.

In den vergangenen Jahren hat sich Dr. Kieser durch Publikationen in der betriebswirtschaftlichen Fachpresse einen Namen gemacht.

Kontakt:

Dr. Finkenrath Dr. Kieser + Partner

Hambrunner Str. 24

74731 Walldürn-Hornbach

Telefon: 06286/444

Fax: 06286/1344

E-Mail: info@finkenrath-kieser.de

URL: www.ub-kieser.de

Motivatoren für Verkäufer 1

Die Zahl der Mitarbeiter im Vertrieb, die variabel, also leistungsorientiert, vergütet werden, ist in den letzten Jahren dramatisch angestiegen. Über 60 % der Verkaufsinnendienst-Mitarbeiter und über 90 % der fest angestellten Außendienstmitarbeiter werden bereits variabel vergütet. Unternehmen, die in ein Projekt zur Einführung eines neuen variablen Vergütungssystems für ihre Verkäufer einsteigen, beschränken das Projekt in den seltensten Fällen auf die Außendienstmitarbeiter. Üblicherweise besteht die Forderung nach Einbindung breiter Mitarbeiterbereiche in das neue variable Vergütungssystem.

Dabei wird die Bedeutung der variablen Vergütung für die Motivation der Mitarbeiter seit Jahren kontrovers diskutiert. Befragt man hierzu Vertriebsführungskräfte, äußern diese oft die Meinung, Geld sei bestenfalls ein kurzfristiger, eher aber kein oder nur ein nachrangiger Motivator. Betroffene Mitarbeiter dagegen sehen in der variablen Vergütung nicht selten den Motivator schlechthin, zumindest geben sie ihm in aller Regel einen sehr hohen Stellenwert. Seit Jahren wird dieser Disput vor allem in Hinblick auf den Vertrieb geführt. Woher kommen diese gegensätzlichen Auffassungen?

1.1 Intrinsische versus extrinsische Motivation

Der Disput hat seine Wurzeln in der Unterscheidung zwischen intrinsischer und extrinsischer Motivation. Zwischen beiden Ansätzen wird seitens verschiedener Autoren gewissermaßen ein Wettbewerbsverhältnis konstruiert. *Intrinsisch* motivierte Mitarbeiter gelten in der Motivationspsychologie als Prototyp des selbstbestimmten Menschen. Das Handeln stimmt mit der eigenen Haltung überein, die Freude an der Tätigkeit ist der ausschlaggebende Faktor. Es besteht eine Einheit zwischen innerer Überzeugung des Mitarbeiters und seinem Tun

© Springer Fachmedien Wiesbaden 2016
H.-P. Kieser, *Variable Vergütung im Vertrieb*,
DOI 10.1007/978-3-658-07144-8_1

(Wikipedia, „Motivation"). *Extrinsische* Motivation beruht dagegen auf äußeren Anreizen wie leistungsorientierter Vergütung, Incentives, Beförderungen etc.

Der bereits zitierte Gegensatz, der nun zwischen beiden Motivationssträngen konstruiert wird, geht offenbar von der Annahme aus, dass die Inhalte beider Motivationsstränge zumindest teilweise konträr sind und sich im Wege stehen. Wenn dem so wäre, würde dies natürlich nachhaltige Fragestellungen hinsichtlich der Mitarbeitermotivation nach sich ziehen.

Reinhard K. Sprenger vertritt die Auffassung, dass leistungsorientierte Vergütungssysteme der Karotte gleichen, die das Pferd von seinem Reiter vorgehalten bekommt. Die Prämie sei gewissermaßen ein „Misstrauensabschlag", der als Ausdruck eines Verdachts gegenüber dem Mitarbeiter gilt, dass dieser ansonsten keine volle Leistung erbringen würde (Sprenger 2010a).

Bruno Frey ist sogar der Auffassung, dass intrinsische Motivation durch extrinsische Motivatoren (wie Leistungsprämien) untergraben werden könne. Die Belohnung verdränge den Sinn der eigenen Tätigkeit (Frey 1997).

In diesem Zusammenhang wird zu Recht kritisiert, dass schlecht gemachte Vergütungssysteme mitunter den Eindruck erwecken, dass sie als Ersatz für Führung herhalten müssen: Wenn Leistungsanreize die Führungskräfte gewissermaßen von ihrer ureigensten Führungsaufgabe entbinden sollen, dann kann dies natürlich nur in einer „Führungskatastrophe" enden.

Um es vorwegzunehmen: Als Vergütungsexperte mit der Erfahrung aus ca. 800 Umstellungen von Unternehmen auf leistungsbezogene Vergütungssysteme kann ich den konstruierten Gegensatz bezüglich intrinsischer versus extrinsischer Motivation nicht nachvollziehen. *Gut gemachte* leistungsabhängige Vergütungskonzepte sind als Führungs- und Steuerungsinstrumente konzipiert; sie sind zielorientiert und verstehen sich als Verstärker der Ziele, die die Mitarbeiter verinnerlicht haben. Reinhard K. Sprenger ist insofern zu danken, als er auf die Aspekte hingewiesen hat, deretwegen intrinsische Motivation gefährdet wird, wenn Vergütungssysteme kontrovers zu dem laufen, was den Mitarbeitern als Ziele vermittelt wird.

Die Rolle der Mitarbeiter hat sich in den vergangenen Jahren nachhaltig verändert: Unternehmen wollen selbstständige Mitarbeiter, die eigenverantwortlich handeln und flexibel bzw. konstruktiv an Lösungen arbeiten. Abb. 1.1 macht dies deutlich.

Wurde der Mitarbeiter ehemals eher als „Erfüllungsgehilfe" oder „Rädchen im Getriebe" gesehen, wünscht man sich heute einen offensiv handelnden Mitarbeiter, der in Transparenz und Wissen eingebunden ist und damit in die Lage versetzt wird, vor Ort Entscheidungen im Sinne des Unternehmens zu fällen. Um auf diese Weise handeln zu können, benötigt der Mitarbeiter Informationen über das

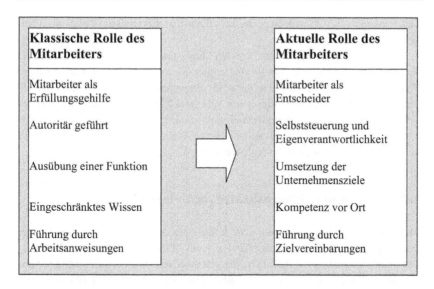

Klassische Rolle des Mitarbeiters	Aktuelle Rolle des Mitarbeiters
Mitarbeiter als Erfüllungsgehilfe	Mitarbeiter als Entscheider
Autoritär geführt	Selbststeuerung und Eigenverantwortlichkeit
Ausübung einer Funktion	Umsetzung der Unternehmensziele
Eingeschränktes Wissen	Kompetenz vor Ort
Führung durch Arbeitsanweisungen	Führung durch Zielvereinbarungen

Abb. 1.1 Neues Verständnis der Rolle des Mitarbeiters

Wirkungsgefüge im Unternehmen, über Deckungsbeiträge von Produkten und Kunden sowie über Konsequenzen von bestimmten Entscheidungen und Handlungen.

Unterlag der Mitarbeiter ehemals einer Kontrolle „von oben", wünscht man sich den modernen Mitarbeiter mit einem hohen Maß an Eigenverantwortlichkeit und Selbststeuerung: Eingebunden in möglichst viel Wissen um die Zusammenhänge soll er Entscheidungen fällen und diese auch verantworten.

Wollte man ehemals, dass der Mitarbeiter eine klar umschriebene Funktion ausübt, die in möglichst detaillierten Stellenbeschreibungen abgefasst wurde, sieht man ihn heute als Umsetzer der Unternehmensziele. Dies funktioniert natürlich nur, wenn er entsprechend in Ziele eingebunden ist. Dabei kann es sich sowohl um operative als auch um strategische Ziele handeln.

Erachtete man vormals ein umfangreiches Wissen für den Mitarbeiter eher als schädlich, weil irreführend und belastend, wünscht man sich heute einen Mitarbeiter mit möglichst viel Kompetenz vor Ort. Dahinter stecken Aspekte wie Wissensvermittlung, Transparenz, Entscheidungskompetenz und „lange Leine". Vereinbart wird das „Was", also das Ziel, wobei der Weg zum Ziel Sache des Mitarbeiters ist.

Natürlich passte es in das alte Konzept der Mitarbeiterführung, mit Arbeitsanweisungen und Vorgaben zu führen. Der Führungsansatz, der zu dem neuen Typus von Mitarbeiter passt, heißt „Führung durch Zielvereinbarung". Bei diesen

Zielen handelt es sich um angestrebte zukünftige Ergebnisse, wobei die Ziele gemeinsam vereinbart werden.

Moderne Vergütungssysteme müssen diese Gedanken natürlich aufgreifen. *Schlecht gemachte* Vergütungssysteme engen ein, wollen gängeln. *Gut gemachte* Vergütungssysteme lassen Spielräume für Eigenverantwortung: Ziele gelten als vereinbart und weisen Richtungen, der Weg zum Ziel ist Sache des Mitarbeiters. Gut gemachte Vergütungssysteme führen so zu einer Verbindung zwischen intrinsischer und extrinsischer Motivation, geben Freiheiten, verstärken wechselseitig, indem ausgewogene Lösungen realisiert werden.

1.2   Können Führungskräfte motivieren?

Auch dieser Aspekt wird heute sehr kontrovers diskutiert. Zahlreiche Autoren (z. B. Sprenger 2010a; Zeyringer 2010; Kuhl 2001) haben sich mit der Frage auseinandergesetzt, was Menschen wirklich motiviert. Soweit diese Untersuchungen wissenschaftlicher Natur waren, führten sie nur zu bedingt verwertbaren Aussagen und Theorien, da entsprechende Experimente die Komplexität des sozialen und Unternehmensumfelds, in dem sich beispielsweise ein Verkäufer befindet, nicht abbilden konnten. Folgende Erkenntnisse ergeben sich aus der Auseinandersetzung mit diesen Studien:

- Keine der Motivationstheorien kann eine umfassende Erklärung der menschlichen Motivation anbieten.
- Bei der Auffassung, es gäbe eine „Motivationstechnik", die auf alle Menschen anzuwenden wäre, handelt es sich um einen Irrtum, da verschiedene Menschen auf verschiedene Motivatoren unterschiedlich ansprechen. Jeder Mitarbeiter hat gewissermaßen seinen eigenen Zugang zur Motivation.

Dennoch gibt es derzeit eine breite Übereinstimmung hinsichtlich der Frage, was Einfluss auf die Motivation der Mitarbeiter nimmt. Um nur einige wichtige Aspekte zu erwähnen:

Was motiviert Mitarbeiter?

- Führungsstil hat demnach viel mit Motivation zu tun: Einbindung der Mitarbeiter, Information, Mitwirkung, Transparenz, Vertrauen, Zielvereinbarungen etc. werden als motivationsfördernd betrachtet.

- Klarheit der Strukturen ist eine Voraussetzung für Motivation: Weisungswege, Verantwortlichkeiten, wer berichtet an wen usw. Dies muss eindeutig sein. Alles andere führt zu Verwirrung, Frust und Demotivation.

- Motivation hat sehr viel mit Arbeitsinhalten zu tun, mit der Gestaltung des Arbeitsumfelds und damit, dass der Mitarbeiter selbst auf sein Arbeitsumfeld einwirken kann.

- Belohnung und Anerkennung (sowohl Aufstiegschancen als auch finanzielle rewards) stützen und begünstigen Motivation. Dem finanziellen Teil der Belohnung kommt dabei die Rolle der angemessenen Honorierung von Mitarbeiterleistungen zu.

Motivationspsychologen vertreten heute nicht selten die Meinung, dass ein aktives Motivieren von Mitarbeitern nicht funktioniere. Die Führungskraft könne lediglich für ein positives, das heißt motivationsförderliches Klima sorgen. Die Motivation sei letztlich Sache des Mitarbeiters, seines Werdegangs, seiner Sozialisierung etc.

Dies deckt sich in keiner Weise mit den Erfahrungen, die ich in 20 Jahren als Berater gewinnen konnte. Unzählige Beispiele ließen sich anführen. Für Führungskräfte ist diese passive Position allerdings bequem, weil sie sich dadurch teilweise ihrer Führungsaufgabe entledigen können: Wer ohnehin nichts für die Motivation seiner Mitarbeiter leisten kann, lehnt sich entspannt zurück.

Der Motivationsexperte *Jörg Zeyringer* (2010, S. 13) verweist auf einen zentralen Satz des Psychologen *Paul Watzlawick* (1986), nach dem sich kein Mensch „nicht verhalten" kann. Das Verhalten des einen löst emotionale Reaktionen des andern aus. Führungskräfte müssen die Wirkungen ihres Verhaltens also sehr genau in Bezug auf Motivation und Demotivation kontrollieren und wirkungsvolle Anreize setzen. Zeyringer (2010, S. 13 ff.) schreibt dazu:

> Viele Autoren vertreten ja die Ansicht, motivieren könne sich jeder nur selber, die Vorgesetzten könnten nur für günstige Rahmenbedingungen sorgen. Diese Ansicht deckt sich nicht mit meinen Beobachtungen und Erfahrungen im Berufsalltag und löst eine kognitive Dissonanz in mir aus, die mir keine Ruhe ließ. Heute weiß ich, dass diese Autoren Unrecht haben. Ich verstehe aber jene Vorgesetzten, die diesen Ansatz gerne glauben, entbindet er sie doch von der elementaren Führungsaufgabe. Tatsächlich aber ist die Frage, ob eine Person eine andere motivieren kann, falsch gestellt.

Und weiter:

> Das Verhalten einer Person hat immer Wirkung auf die im sozialen Umfeld befindlichen Menschen und löst bei ihnen bestimmte emotionale Zustände aus. Damit

ist nicht gemeint, dass es ausschließlich von anderen Personen abhängt, wie wir uns fühlen; aber die Menschen in unserer Umgebung spielen für unsere inneren Zustände doch eine sehr bedeutende Rolle. Es geht immer um Aktion und Reaktion, wir können unser Verhalten immer nur im Kontext einer bestimmten Situation erklären.

Weiter schreibt Zeyringer (2010, S. 13):

Damit Menschen wirklich hoch motiviert sind und über einen längeren Zeitraum Leistungen erbringen können, brauchen sie entsprechende innere Dispositionen, die zum einen durch sie selbst erzeugt werden können, zum anderen aber auch von anderen Personen und Ereignissen bestimmt werden.

Führungskräfte können also sehr wohl motivieren. Dieser Prozess ist allerdings komplex und funktioniert nicht auf der Annahme, dass Geld die Motivation schlechthin bedeutet. Geld, oder anspruchsvoller ausgedrückt: *variable Vergütung in Abhängigkeit von der eigenen Leistung des Mitarbeiters,* ist aber ein ganz wesentlicher Motivator.

1.3   Der Irrglaube, dass Geld nicht motiviert

Jeder Mensch wird durch zahlreiche Motivatoren in seinen Handlungen beeinflusst. Abb. 1.2 zeigt einen kleinen Ausschnitt solcher Motivatoren, wobei zwischen materiellen Motivatoren und immateriellen Motivatoren differenziert wird.

Versteht man unter Motivation das Zusammenwirken aller Beweggründe für das Handeln eines Menschen, ist der Frage nachzugehen, was darüber entscheidet, wie stark oder wie schwach der eine oder andere Motivator in die Beweggründe des Menschen Eingang findet. Abb. 1.3 verdeutlicht dies.

Mitarbeiter sind sozialisierte Wesen und nicht nur Mitarbeiter. Zunächst trägt die Gesellschaft im Rahmen des Sozialisierungsprozesses ganz erheblich zu den Werten und Beweggründen eines Mitarbeiters bei. Die Familie, Bezugsgruppen, Freunde usw. prägen die Vorstellungen des Mitarbeiters von Wichtigem und Unwichtigem. Daneben vermittelt das Unternehmen bewusst und unbewusst Beweggründe für das Handeln des Mitarbeiters: Die Aufgabe und die Verantwortung, in die der Mitarbeiter eingebunden ist, prägt die Sicht darauf, was wichtig ist und vorangebracht werden muss. Die Einbindung in Gruppen und Teams macht dem Mitarbeiter ebenfalls deutlich, worauf es dem Unternehmen ankommt. Ziele schaffen Prioritäten. Die Art der Führung im Unternehmen und der Umgang mit Konflikten wirken motivierend oder demotivierend.

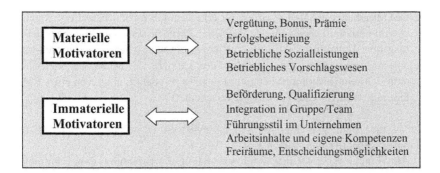

Abb. 1.2 Motivatoren der Mitarbeiter

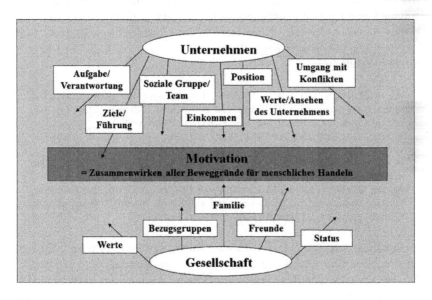

Abb. 1.3 Entstehen der Motivatoren für Mitarbeiter

Betrachtet man das Einkommen des Mitarbeiters im Zusammenhang mit seiner Motivation, ergeben sich zwei Aspekte:

- Zum einen versteht sich das Mitarbeiter-Einkommen als adäquate Kompensation für die erbrachte Leistung.

- Der Mitarbeiter erwartet natürlich für eine überdurchschnittliche Leistung ein überdurchschnittliches Einkommen. Eine Kompensation der Mitarbeiterleistung über Einkommen wird ihn nur dann zufriedenstellen, wenn es sich um eine *leistungsangemessene* Kompensation handelt. Der Mitarbeiter wünscht, dass sich sein Einkommen bei guter Leistung von dem Einkommen eines Kollegen mit weniger guter Leistung unterscheidet.

Genau hier stellt sich aber die Frage, inwieweit Geld, das heißt pekuniäre Anreize, als Motivatoren taugen.

Als Vergütungsberater mache ich sehr häufig die Erfahrung, dass Führungskräfte die stimulierende Wirkung von pekuniären Anreizen infrage stellen, während die betroffenen Mitarbeiter bei der Frage, was sie motiviere, sehr direkt auf das Thema Geld zu sprechen kommen. Gerade bei Außendienstmitarbeitern, die aufgrund ihrer relativ eigenständigen Arbeit eher eine geringere soziale und emotionale Anbindung an das Unternehmen besitzen, spielt erfahrungsgemäß Geld als Motivator eine herausragende Rolle. *Jörg Zeyringer* (2010, S. 94 f.) schreibt hierzu ganz allgemein:

> Die Ergebnisse meiner wissenschaftlichen Untersuchung, an der rund 1000 Menschen aus verschiedenen Branchen und unterschiedlichen hierarchischen Ebenen teilnahmen, konnten meine Thesen (bzgl. der starken Wirkung von Geld als Motivator – Anmerkung des Autors) nicht widerlegen. Im Gegenteil, es gab weitere Befunde, die dafür sprachen.
>
> Die Befragten wurden gebeten, aus einer Liste von 17 Faktoren jeweils jene drei mit dem größten Einfluss auf eine Steigerung der Arbeitsmotivation auszuwählen. Als mit Abstand wichtigster Faktor stellte sich Geld heraus. ‚Ein Gehalt, das meiner Leistung und meiner Arbeitssituation entspricht' wurde sowohl als erster, als auch als zweiter und dritter Faktor jeweils am häufigsten genannt.

Der amerikanische Psychologe *Ed Diener* (Diener und Biswas-Diener 2008) verweist darüber hinaus auf den engen Zusammenhang zwischen Geld und persönlichem Glück. Die Annahme, dass Geld nicht glücklich mache, muss zumindest teilweise revidiert werden!

Welche Rolle übernimmt dabei eigentlich der *fixe* Einkommensanteil und welche der *variable?*

Dem Gehalt, also dem *fixen* Einkommensanteil, kommt eine *langfristig* wirkende Funktion zu: Es steht für die Anforderungen, denen ein Mitarbeiter genügt, für seine Kompetenzen und für seine Fähigkeiten. Ein langfristiger Kompetenzzugewinn kann und darf sich nicht nur im variablen Einkommen des Mitarbeiters niederschlagen. Dieses repräsentiert nämlich die *kurzfristige*

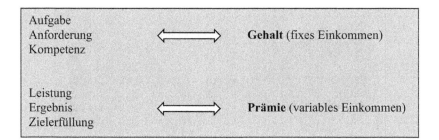

Abb. 1.4 Funktion von fixen und variablen Einkommensanteilen

Komponente im Gesamteinkommen des Mitarbeiters: Die Prämie, also das *leistungsabhängige* Einkommen, steht für den Erfolg, den der Mitarbeiter in einer bestimmten (und überschaubaren) Periode erreicht hat.

Erfolg wird im Verkauf zunächst aber immer in konkreten Ergebnissen gemessen. „Ergebnisse" in diesem Sinne sind in der modernen Führung und Vergütung von Mitarbeitern aber stets Resultate in Bezug auf vorher vereinbarte Ziele Abb. 1.4.

1.4   Ziele als Basis jeder Motivation

In der Motivationspsychologie besteht heute Einigkeit darüber, dass ohne klare Ziele eine Motivation von Mitarbeitern nur schwer möglich ist. Erst durch Ziele bekommt das Handeln eine Richtung. Erst die Ziele machen es möglich, die eigenen Anstrengungen in eine bestimmte Richtung zu lenken. Sie helfen dabei, Prioritäten zu setzen und die eigene Kraft auf die als wichtig erkannten Maßnahmen zu richten.

Menschen benötigen für ihr Handeln Ziele. Versäumt es das Unternehmen, diese Ziele zu vermitteln, geben Mitarbeiter ihrer Arbeit eigene Akzente. Diese leiten sie aus den Verlautbarungen der Führungskräfte des Unternehmens ab. Dabei besteht aber die Gefahr, dass jeder Mitarbeiter seine eigenen Interpretationen anstellt und letztlich Zielen nachläuft, die mit denen des Unternehmens nicht in vollem Einklang stehen.

Abb. 1.5 macht dies deutlich: Durch den linken Kreis soll aufgezeigt werden, in welche Richtungen Mitarbeiter laufen können, die nicht in die Ziele des Unternehmens eingebunden sind. Man erkennt, dass die mangelnde Koordination der

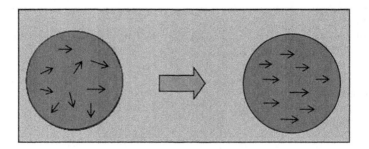

Abb. 1.5 Die Einbindung der Mitarbeiter in Unternehmensziele

Bemühungen der einzelnen Mitarbeiter zu Kräfteverlust und Potenzialvergeudung führt. Die differenzierte Einbindung der Mitarbeiter in Unternehmensziele bedeutet dagegen immer die Vermeidung von Kräfteverlusten und die entsprechende Ausschöpfung der Potenziale.
In diesem Zusammenhang nimmt Zeyringer (2010, S. 78 f.) wie folgt Stellung:

> Allein die Tatsache, dass eine Person ihre Ziele kennt, erhöht die Motivation beträchtlich. Bei einer wissenschaftlichen Studie zum Thema *Arbeitsmotivation* konnte ich statistisch belegen, dass jene Arbeitsnehmer, die *hoch motiviert* sind, einerseits ihre Ziele kennen und diese andererseits regelmäßig besprechen. Dort wo Mitarbeiter *wenig motiviert* sind, sind kaum Ziele bekannt. Zwischen dem Vorhandensein von Zielen und der Höhe der Motivation gibt es einen signifikanten Zusammenhang. Werden Mitarbeiter in den Zielgestaltungsprozess eingebunden, dann steigt deren Motivation noch einmal. Dort wo Arbeitnehmer *hoch motiviert* sind, ist der Anteil jener, die in diesen Prozess eingebunden werden, ungleich höher als bei jenen, die *wenig motiviert* sind.

Nicht umsonst haben Ziele in der modernen Führung und Vergütung von Mitarbeitern einen derart hohen Stellenwert erhalten. Ziele sind unersetzlich, wenn Verhalten effektiv werden soll. Am Grad der Zielerreichung messen wir Erfolg. In diesem Sinne machen erst Ziele es überhaupt möglich, Mitarbeitererfolg zu definieren.

Das Vorgeben bzw. die Vereinbarung von Zielen ist die ureigenste Aufgabe der Führungskraft: Erst das Vorhandensein von Zielen setzt den Motivationsprozess in Gang. Eine Führung ohne Ziele ist nach moderner Managementauffassung kaum mehr vorstellbar.

Führen mit Zielen macht Unternehmen erfolgreicher. Damit ist aber auch ein gewisser Arbeitsaufwand seitens der Führungskräfte gefordert (oder besser ein Umdenken), welches manchmal gescheut wird. Auf die Frage eines Seminarteilnehmers an einen Vertriebsleiter, der in einem meiner Seminare über seine Erfahrungen mit zielorientierter Führung und Vergütung referierte, ob solche Systeme nicht mehr Arbeit machen, antwortete dieser sinngemäß:

▶ „Es macht eine *andere* Arbeit als vorher, aber keine Mehrarbeit. Dem Aufwand, Ziele zum Geschäftsjahresanfang zu vereinbaren, stehen zahlreiche Entlastungen während des Jahres entgegen. Mitarbeiter, die ihre Ziele kennen, führen sich zu einem guten Teil selbst, man muss ihnen nicht permanent sagen, was morgen zu tun und zu beachten ist. Sie wissen es, eben weil sie Ziele haben."

Ziele müssen dann aber bestimmten *Anforderungen* genügen: Ziel = SMART

- Ziele müssen klar definiert sein hinsichtlich Inhalt, Zeit und Ausmaß.
- Ziele sollten gemeinsam vereinbart werden (zur Förderung von Akzeptanz und Eigenmotivation).
- Ziele orientieren sich am individuell Machbaren (sind damit erreichbar und nicht „überehrgeizig").

Im Rahmen der Mitarbeiterführung wird heute allenthalben für die „lange Leine" plädiert: Mitarbeiter sollen nicht gegängelt werden, sondern aufgrund ihrer Einbindung in Transparenz und Wissen in die Lage versetzt werden, vor Ort die richtigen Entscheidungen zu fällen. Aspekte wie Selbststeuerung und Eigenverantwortlichkeit haben in der modernen Mitarbeiterführung einen hohen Stellenwert erhalten.

„Lange Leine" kann dann aber schiefgehen, wenn Mitarbeiter nicht in Ziele eingebunden werden. Die Einbindung in Leistungsziele und Leistungsabsprachen ist geradezu die Voraussetzung dafür, dass „lange Leine" überhaupt stattfinden kann. Abb. 1.6 macht dies deutlich. Bei Zielen handelt es sich dabei um angestrebte zukünftige Ergebnisse bzw. Ereignisse, die den Rahmen für Selbststeuerung und Eigenverantwortlichkeit abstecken. Ziele schaffen Freiräume für eigenes Handeln und zwingen zur Kommunikation über die Machbarkeiten des nächsten Jahres. Damit bringen Ziele ein hohes Maß an Effektivität in die Führung von Mitarbeitern.

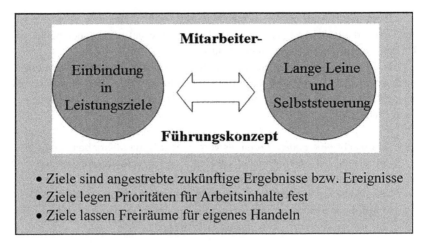

Abb. 1.6   Ziele als Voraussetzung für die Selbststeuerung des Mitarbeiters

1.5   Was gut gemachte Vergütungssysteme bewirken

Wenn also Ziele für die Motivation von Mitarbeitern heute als unabdingbar betrachtet werden, wundert es nicht, dass gut gemachte Vergütungssysteme zielorientiert sind, also Zielerreichungen belohnen (und nicht im Bereich der Basisleistungen ausbluten). Damit wird das Vergütungssystem zum Führungs- und Steuerungsinstrument. Bei den Zielen handelt es sich um persönliche zukünftige Ergebnisse des Mitarbeiters bzw. eines Teams.

Gut gemachte variable Vergütungsmodelle beziehen zahlreiche Mitarbeiter ein und sind teamorientiert. Sie führen zu leistungsgerechterem Einkommen als konventionelle Vergütungsansätze, da die Ziele mitarbeiterindividuell sind und an den Möglichkeiten und Potenzialen des Verkaufsbereichs bzw. des Mitarbeiters oder Teams festmachen.

Die Differenzierung im Einkommen wird größer, da sich bei „spannend" konzipierten Vergütungssystemen der leistungsstarke und erfolgreiche Mitarbeiter vom leistungsschwachen deutlich abhebt. Leistung macht sich im Einkommen bemerkbar.

Gut gemachte variable Vergütungssysteme im Vertrieb bewirken, dass sich Mehrleistung viel mehr lohnt als bei herkömmlichen Vergütungssystemen. Darüber hinaus beziehen sie in aller Regel den Deckungsbeitrag ein, den der

Mitarbeiter erwirtschaftet, sowie weitere wichtige Ziele des Unternehmens. Solche Vergütungsmodelle ergänzen die Eigenmotivation des Mitarbeiters und lenken diese auf wichtige Prioritäten im Unternehmen.

Was gut gemachte Vergütungssysteme allerdings nicht wollen: Eine „Gießkannenlösung", bei der alle Mitarbeiter pauschal am Erfolg des Unternehmens beteiligt werden. So schlägt R. K. Sprenger (2010b, S. 22) vor, ein Drittel des Mitarbeitereinkommens an den Unternehmenserfolg anzubinden. Ganz abgesehen davon, dass Arbeitsgerichte den maximalen variablen Einkommensanteil eines Mitarbeiters zwischen 25 und 30 % sehen (vgl. hierzu Abschn. 2.5.2), läuft dieser Vorschlag ins Leere: Wer Mitarbeiterverhalten beeinflussen will, muss an der *individuellen* Leistung festmachen.

Außerdem widerspricht dieser kollektive Vergütungsansatz im Grunde unserem Wirtschafts- und Gesellschaftssystem, welches gerade auf der *individuellen* Leistung aufbaut und *individuelle* Einkommen in Abhängigkeit von der Leistung und Kompetenz des Einzelnen vorsieht. Außerdem läuft (wie bereits erwähnt) die Unternehmensrealität in die genau entgegengesetzte Richtung, indem immer mehr Unternehmen immer mehr Mitarbeiter in immer mehr Unternehmensbereichen in eine betont leistungsabhängige und individuelle Vergütung einbinden.

Quellen

Diener, E., Biswas-Diener, R.: Happiness: Unlocking the Mysteries of Psychological Wealth. Wiley-Blackwell (2008)

Frey, B.: Not Just for the Money, An Economic Theory of Personal Motivation. Edward Elgar Pub, Cheltenham (1997)

Kuhl, J.: Motivation und Persönlichkeit. Hogrefe, Göttingen (2001)

Sprenger, R.K.: Mythos Motivation, 19. Aufl. Campus. Frankfurt (2010a)

Sprenger, R.K.: Interview im Manager Seminar: „Geld darf nicht verführen", S. 22 (2010b) (Dezember 2010)

Watzlawick, P.: Anleitung zum Unglücklichsein, 19. Aufl. Piper, München (1986)

Zeyringer, J.: Der neue Treppenläufer – Wie man sich und andere motiviert. Haufe, Freiburg (2010)

Zehn Bausteine für eine motivierende variable Vergütung im Vertrieb

2

Dieses Kapitel befasst sich mit den wesentlichen Elementen gut gemachter variabler Vergütungssysteme im Vertrieb. Die „zehn Bausteine" werden als separate Elemente dargestellt, wohl wissend, dass ein Baustein mit den anderen engstens verbunden ist. Die einzelnen Bausteine verstärken ihre Wirkung wechselseitig und führen erst in ihrer Gesamtheit zu einem guten Vergütungsmodell.

2.1 Baustein 1: Variable Vergütung als Führungs- und Steuerungsinstrument

Traditionelle Vergütungsansätze gingen meist von einer eher schlichten Interpretation der menschlichen Motivation aus. Im Zentrum der Betrachtung stand die variable Vergütung – und die sollte zur Motivation genügen.

Bewerkstelligt wurde dies durch die Vergütung von Provisionen auf Umsätze, Erträge, Neukunden-Umsätze usw. Provisionsvergütung bedeutet aber stets, dass der Mitarbeiter einen Betrag von X Prozent auf eine Leistungsgröße erhält. Diese Vergütungsart ist sehr pauschal und verzichtet auf jegliche Formulierung zukünftiger Leistungsergebnisse (Ziele). Damit vergüten Provisionen aber auch Mitarbeiter-Leistungen, die weit von einem erwünschten Resultat entfernt sind. Provisionen vergüten schlechte Leistungen genauso wie gute Leistungen.

2.1.1 Führen und Vergüten mit Zielen

In modernen Vergütungskonzepten wird die variable Vergütung als angemessenere Honorierung von zielkonformen Leistungen gesehen. Sie genügt nicht mehr

© Springer Fachmedien Wiesbaden 2016
H.-P. Kieser, *Variable Vergütung im Vertrieb*,
DOI 10.1007/978-3-658-07144-8_2

sich selbst, sondern will Ziele unterstützen und wird damit zum Instrument der Führung und Steuerung. Dies lässt sich am besten mit folgendem Bild beschreiben (siehe Abb. 2.1):

Jedes Unternehmen verfolgt mehrere Ziele, die aus einer Strategie abgeleitet sein sollten. Zu diesen Zielen zählen Aspekte wie Umsatz, Ertrag, Wachstum/Marktbedeutung, Forcierung bestimmter Kunden, Märkte und Produkte, Expansionsbestrebungen usw.

Nun verfügt jedes Unternehmen über eine Reihe von Instrumenten, die – wenn sie gut gemacht sind – das Erreichen der Ziele erheblich begünstigen können. Bei diesen Instrumenten handelt es sich um die Art, wie sich das Unternehmen organisiert, wie es führt, welche Werte gelten und welche Kultur vorherrscht. Natürlich geht es bei diesen Instrumenten auch um den Aspekt, wie die Controlling- und Steuerungssysteme beschaffen sind, wie die Reportingsysteme aussehen, über die dem Mitarbeiter der unterjährige Zielfortschritt mitgeteilt wird. Bei dem Vergütungssystem handelt es sich um das Instrument, das heute als wesentlicher Hebel für die Zielerreichung des Mitarbeiters wie die des Unternehmens angesehen wird.

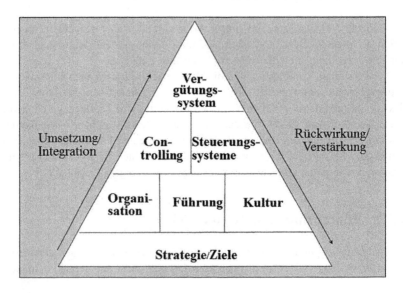

Abb. 2.1 Variable Vergütung als Umsetzungshebel

Das zentrale Instrument betrifft die *Führung* und damit die Frage: Hat es das Unternehmen geschafft, die Ziele, die es verfolgt, in den Köpfen seiner Mitarbeiter zu verankern, oder befinden sich diese Ziele nur in den Köpfen einiger weniger Führungskräfte? Verfügt das Unternehmen ferner über eine *Kultur,* die leistungsfokussiert ist und an Erfolgen bei Kunden festmacht? Und weiter: Spiegelt die *Organisationsstruktur* diese Markt- und leistungsgeprägte Grundhaltung wider?

Auf der nächsten Ebene der Pyramide stellt sich die Frage, ob das Unternehmen über aussagefähige *Controlling-Daten* und über ein *Reporting* verfügt, mithilfe dessen der Mitarbeiter unterjährig laufend darüber informiert wird, wie weit er in seiner Zielerfüllung gekommen ist. Hierdurch wird eine *„Steuerung hin zur Zielerreichung"* gewährleistet.

Dem *variablen Vergütungssystem* kommt die Rolle des *Verstärkers* zu: Wie das Unternehmen seine Mitarbeiter führt und steuert, so sollte es auch vergüten. Das Vergütungssystem greift die Ziele auf: Zielorientierte Führung, Controlling, Mitarbeiter-Steuerung und Vergütung bilden eine Einheit. Die monatlich ausgeschüttete variable Vergütung ist laufendes und schnelles Feedback bzgl. Zielverfolgung und Erreichung von Etappenzielen.

Das Ganze stellt sich als ein geschlossenes System der Führung, Steuerung und Motivierung dar, wechselseitig sich verstärkend und ergebnisgetrieben. Die Ziele des Unternehmens bestimmen das Vergütungsmodell. Dieses wiederum bewirkt eine Fokussierung auf die Ziele und entfaltet auf diese Weise Rückkopplung und Verstärkung.

Das Führen mit Zielen gilt heute als eines der wirkungsvollsten Managementinstrumente überhaupt. Unternehmensziele werden übersetzt in Mitarbeiterziele und Teamziele. Auf diese Weise werden Prioritäten festgelegt und Aktivitäten koordiniert. Im Unternehmen stellt sich eine Fokussierung auf Ergebnisse ein, Mitarbeiterführung wird effektiver, weil Wichtiges von Unwichtigem separiert wird. Mitarbeiter werden in Selbststeuerung und Eigenverantwortung eingebunden. Zielvereinbarungen zwingen aber gleichzeitig zur Kommunikation über das Machbare der nahen Zukunft. Mitarbeiter werden beteiligt, erhalten Transparenz und Einblick – sie werden dadurch kompetenter. Genau hier beginnt Motivation.

2.1.2 Woher kommen die Ziele?

Als Berater stoße ich bei meinen Kunden, die ein neues, zielorientiertes Vergütungsmodell einführen wollen, oft auf die Befürchtung, bei der Zielfindung bzw. Zielsetzung „unperfekt" zu sein. Man benötige doch als Voraussetzung eine fertige strategische Planung, möglichst nach dem Modell der „Balanced Scorecard".

Die wenigsten Unternehmen, die ihre Mitarbeiter zielorientiert führen und vergüten, verfügen über ein derartiges Planungsinstrumentarium und sind doch erfolgreicher als die Unternehmen, die ohne Ziele führen und vergüten. Im Idealfall ist das erwähnte Planungsinstrumentarium vorhanden, das Führungs- und Steuerungssystem wird dann anspruchsvoller. Aber es ist eben nicht Voraussetzung.

Unternehmen wissen in aller Regel sehr wohl, wo ihre Prioritäten liegen, welche Themen und Aufgaben angepackt werden müssen und wo man bis zum Ende des nächsten Jahres stehen will. Dementsprechend sind sie auch in der Lage, Ziele für ihre Mitarbeiter, Teams und Abteilungen zu definieren. Oft braucht es nur einen Anstoß, und eine Vielfalt von Zielen liegt vor, von denen man die wichtigsten zur Vergütung auswählen muss.

Das einzelne Ziel des Unternehmens (z. B. ein Ertragsziel oder die Eroberung eines neuen Marktsegments) ist natürlich nicht gleichzeitig das Ziel aller Mitarbeiter, die dann per „Gießkanne" an der Zielerreichung (oder Zielverfehlung) des Unternehmens beteiligt werden. Solche Vergütungsansätze werden seitens der Führungskräfte oft mit hohen Erwartungen befrachtet. Man glaubt, ein leistungsorientiertes Vergütungssystem zu praktizieren, weil die Mitarbeiter am Ende des Wirtschaftsjahres mit einer Ausschüttung bedacht werden. Derartige Ansätze sind für die Unternehmenskultur zweifelsohne von hohem Wert, *leistungsorientierte* Vergütungssysteme werden sie dadurch aber noch nicht.

<u>Leistungsorientierte Vergütung setzt an der *persönlichen* Leistung des Mitarbeiters an.</u> Wer Verhalten im Sinne einer engagierten Zielverfolgung ändern will, muss den Mitarbeiter in seine persönlichen, das heißt individuellen Ziele einbinden. Die Ziele des Unternehmens werden (über die verschiedenen Hierarchiestufen) „kaskadiert", bis der einzelne Mitarbeiter beispielsweise weiß, welchen Deckungsbeitrag er beisteuern muss, damit das Unternehmens-Ertragsziel erreicht wird, welche Kunden er in einem bestimmten Marktsegment gewinnen bzw. ausbauen muss, damit das Unternehmen sein Marktsegment-Ziel erreicht, oder welche Produkte zu forcieren sind, damit das Unternehmen auch morgen noch Gewinne einfährt.

Abb. 2.2 veranschaulicht die „Zielkaskade" im Unternehmen sehr deutlich: Aus der strategischen Stoßrichtung werden operative Unternehmensziele (des kommenden Jahres) abgeleitet. Diese werden auf Bereiche und Abteilungen heruntergebrochen, diese wiederum werden zu individuellen Zielen des einzelnen Mitarbeiters.

Das *Führen mit Zielen* stellt sich als unterjähriger Prozess dar: Jahresziele werden auf Monate oder Quartale heruntergebrochen („Etappenziele"). Jeweils

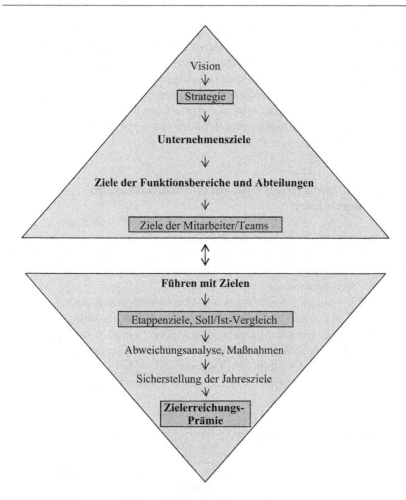

Abb. 2.2 Definieren von Zielen und Führen mit Zielen

am Monatsende oder Quartalsende wird das Etappenziel (Sollleistung) mit der Istleistung verglichen. Abweichungen werden festgestellt und analysiert. Der aufgelaufene Leistungsgrad wird ermittelt (z. B. Erfüllung des Etappenziels zu 95 %). Exakt dieser Leistungsgrad wird nun monatlich/quartalsweise auch vergütet. Maßnahmen zur Sicherstellung des Jahresziels werden diskutiert und beschlossen.

Die Zielprämie ist in diesem Konzept das letzte Glied in der Kette, Unternehmen auf eine bestimmte Art und Weise zu führen – und damit logische Konsequenz dieser zielorientierten Mitarbeiterführung und -steuerung. Unternehmen, die das leisten und dabei die richtigen Leistungskriterien vergüten (nämlich solche, die den eigentlichen Unternehmensinteressen entsprechen), sind nach allen Erfahrungen, die ich in meiner Beratungspraxis gewinnen konnte, erfolgreicher als die Unternehmen, die konventionell führen und vergüten und ihren Mitarbeitern keine Ziele geben.

2.1.3   Wie werden die Ziele im Vergütungssystem vereinbart?

Führungskräfte, die im Rahmen des Umstiegs auf ein zielorientiertes Vergütungsmodell zum ersten Mal Ziele mit ihren Mitarbeitern vereinbaren sollen, befürchten oft, die Mitarbeiter würden bei der Zielplanung generell „mauern", die Ziele also tiefer als nötig ansetzen.

Natürlich kommen Führungskraft und Mitarbeiter, die sich zur Zielvereinbarung treffen, von unterschiedlichen Standpunkten her. Beide haben unterschiedliche Blickwinkel auf die Materie und beurteilen Leistungsmöglichkeiten und Marktsituationen möglicherweise abweichend. Natürlich können auch Egoismen im Spiel sein, wobei der Schritt zum Taktieren und zur Anwendung manipulativer Techniken nicht weit ist (vgl. Abb. 2.3). Eine Zielvereinbarung kann also leicht

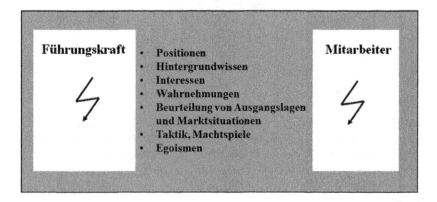

Abb. 2.3   Konträre Ausgangslagen im Rahmen der Zielvereinbarung

zu einer Konfliktsituation führen, und die Frage ist, wie sich dies vermeiden lässt, ohne sich jeweils auf den kleinsten gemeinsamen Nenner zu einigen.

Zunächst ist festzustellen, dass Ziele nicht unbedingt *vereinbart* werden müssen, sie können durch die Führungskraft auch *vorgegeben* werden. Arbeitsrechtlich ist nichts dagegen einzuwenden, Ziele vorzugeben, solange einzelne Mitarbeiter nicht bevorzugt oder benachteiligt werden. Selbstverständlich ist der Gleichbehandlungsgrundsatz zu beachten, und einzelne Mitarbeiter dürfen nicht aufgrund überhöhter Ziele benachteiligt werden. Das bedeutet natürlich nicht, dass alle Mitarbeiter gleich hohe Ziele erhalten müssen. Vielmehr sind die Ziele so zu setzen, dass hinter jedem Mitarbeiter-Ziel eine etwa gleiche Performance steckt.

Aus meiner Beratungstätigkeit kenne ich viele Unternehmen, bei denen keine Zielvereinbarungen stattfinden, sondern die Ziele den Mitarbeitern vorgegeben werden. Diese Praxis ist häufig bei Konzernen anzutreffen und bedeutet keineswegs, dass die Mitarbeiter deshalb demotiviert wären.

Viel wichtiger als die Frage, ob Zielvereinbarung oder Zielvorgabe, ist der Aspekt, dass die Ziele von den Mitarbeitern als erreichbar und nicht als überehrgeizig wahrgenommen werden. Ziele dürfen „sportlich" sein, sie müssen aber als leistbar erkannt werden. Auch eine Übererfüllung des Ziels muss zugelassen werden: Erst ab diesem Punkt beginnt das Vergütungssystem besonders lohnenswert zu werden (vgl. Abschn. 2.4.1).

Betrachten die Mitarbeiter das Ziel als zu ehrgeizig, wird genau der umgekehrte Effekt erzielt: Das Vergütungssystem führt zur Demotivation. Zielprämiensysteme sollen aber ganz bewusst zu Spitzenleistungen motivieren, und zwar dadurch, dass sehr verlockende Vergütungen für diese Spitzenleistungen ausgesetzt werden. Hat man nun kein Vertrauen in die Leistungsbereitschaft der Mitarbeiter und „hängt" deshalb die Ziele zu hoch auf, verliert das Vergütungssystem nicht nur seine Motivationskraft, sondern es baut ein Demotivationspotenzial auf.

Bei der zielorientierten Führung wird allerdings immer davon ausgegangen, dass der Mitarbeiter in den Zielfindungsprozess eingebunden wird, wodurch Akzeptanz und Eigenmotivation gefördert werden sollen. Ziele werden also demnach nicht „von oben" diktiert, sondern sie werden vereinbart. Die Mitarbeiter identifizieren sich erfahrungsgemäß umso stärker mit ihren Zielen, je mehr sie sich beim Zielvereinbarungsgespräch auch wirklich einbringen konnten und sich nicht „überfahren" fühlten.

Wie kommt man aber trotz Vereinbarungsgesprächen zu anspruchsvollen Zielen? Wie schafft man es, dass am Ende der Gespräche die Unternehmensziele auf die Mitarbeiter „aufgeteilt" sind? Muss man auf die Mitarbeiter nicht doch „Druck" ausüben?

Zunächst ist es mit Sicherheit von Vorteil, die Mitarbeiter in den Prozess des Zustandekommens von Zielen einzubinden. Die Motivationskraft von Zielen, an deren Zustandekommen der Mitarbeiter beteiligt war, ist ungleich höher (vgl. hierzu Abschn. 1.4). Dabei kommt es allerdings darauf an, verschiedene Aspekte zu beachten:

Grundregeln der Zielvereinbarung

- Die Planung sollte „top-down" verlaufen und nicht „bottom-up". Zunächst müssen sich die Führungskräfte ein klares Bild davon machen, wie die Ziele des Unternehmens für das kommende Jahr aussehen. Damit diese Planung realistisch bleibt (und keine Utopien verfolgt), ist es sicherlich notwendig, vor Verabschiedung dieser Pläne intensive Gespräche mit Kunden und Mitarbeitern zu führen. So können die eigenen Vorsätze mit den tatsächlichen Möglichkeiten des kommenden Jahres abgeglichen werden.
- Die seitens der Führungskräfte verabschiedete Planung muss also realistisch sein und nicht einen „Best-case-Ansatz" beinhalten. Ein spannend konzipiertes Vergütungssystem enthebt die Führungskraft gewissermaßen der Notwendigkeit, tendenziell überhöhte Ziele anzusetzen, da es die Mitarbeiter durch seine Konstruktion dazu motiviert, sehr anspruchsvolle Leistungen abzuliefern. Mit diesen Leistungen und Ergebnissen sind äußerst attraktive Einkommen verbunden (vgl. Abschn. 2.4). Ein überhöhtes Ziel würde dagegen von den Mitarbeitern als gewollte Beschränkung ihrer Einkommensmöglichkeiten wahrgenommen werden und zu Demotivation führen.
- In den Gesprächen mit den Mitarbeitern kommt es entscheidend darauf an, Ziele zu plausibilisieren. Die Führungskraft muss Wege zum Ziel aufzeigen, muss vergangene Leistungen des Mitarbeiters mit Leistungen anderer (vergleichbarer) Mitarbeiter vergleichen und muss begründen, weshalb ein Ziel keine Überforderung darstellt.
  Auf diese Weise vermeidet die Führungskraft ein oberflächliches Gespräch ohne Tiefgang. Durch die Plausibilisierung stellt sich in aller Regel ein sachbezogenes Gespräch ein, durch das der Mitarbeiter aktiv in die Zielfindung eingebunden wird. Ein pauschales „Abschmettern" von Zielen der Führungskraft wird dadurch nahezu unmöglich.
- Zielvereinbarungsgespräche werden dann umso erfolgreicher sein, je mehr es gelingt, Offenheit und Vertrauen zwischen den Gesprächspartnern auf zubauen. Auch hier ist in erster Linie die Führungskraft gefordert: Sie muss sich zurücknehmen, den Mitarbeiter zu Wort kommen lassen, aktiv

zuhören, das Gespräch keinesfalls dominieren und etwa gleiche Gesprächs-
anteile für den Mitarbeiter zulassen.

- Im Gespräch sollte vermieden werden, über den Realitätsgrad der Unter-
nehmensziele zu diskutieren. Darum geht es in den Gesprächen mit den
Mitarbeitern nicht. Es geht ausschließlich um die Frage, welcher Teil der
Unternehmensziele vom Mitarbeiter geschultert werden kann. Es gilt, das
Sachgespräch am eigentlichen Thema festzumachen und keine „Nebenkriegs-
Schauplätze" zuzulassen.
- Die Ziele des Unternehmens müssen am Ende auf die Mitarbeiter aufgeteilt
sein. Akzeptiert ein Mitarbeiter nur ein niedrigeres Ziel, bedeutet dies, dass
andere Mitarbeiter höhere Ziele übernehmen müssen. Deshalb macht es oft
Sinn, die Ziele im Team mit mehreren Mitarbeitern zu besprechen.
- Sollte trotz dieser Vorgehensweise bei dem einen oder anderen Ziel keine
Einigung gefunden werden, muss ein Konfliktlösungsmechanismus zur
Anwendung kommen. Abschn. 2.9 geht auf ein solches Konzept ein.
Hier gibt sich der Mitarbeiter gewissermaßen sein Ziel selbst. Er wählt
aus einem „Angebot" aus niedrigeren und höheren Zielen aus. Allerdings
beschneidet er seine Einkommensmöglichkeiten, wenn er sich ein zu nied-
riges Ziel gibt.

2.2   Baustein 2: Vergütung mehrerer Leistungskriterien

In herkömmlichen Vergütungssystemen war es üblich, im Wesentlichen nur ein
Leistungskriterium zu vergüten. Klassisch wurde der Umsatz vergütet, teilweise
wurde dieser ergänzt um den Aspekt Deckungsbeitrag oder Rohertrag, teilweise
auch um Neukundenziele. Dominant für die Vergütung war aber meist nur ein
Leistungskriterium.

2.2.1   Operative und strategische Ziele

Für moderne Vergütungsansätze ist es geradezu typisch, mehrere Leistungskriterien zu vergüten, die aus den Zielen des Unternehmens resultieren. Kein Unternehmen verfolgt nur ein Ziel. Das zentrale Unternehmensziel „Ertrag" hat viele
„Helfer": Umsatzziele, Produktziele, Kundenziele, Marksegment-Ziele, Maßnah-
men- und Aktivitätsziele, Methoden- und Verhaltensziele usw.

Wenn Vergütungssysteme den Charakter von Führungs- und Steuerungsinstrumenten haben (vgl. Abschn. 2.1), kommt es darauf an, die Mitarbeiter in genau diese Ziele einzubinden. Dabei müssen die Unternehmensziele natürlich auf den einzelnen Mitarbeiter bzw. das einzelne Team heruntergebrochen werden. In diesem Zusammenhang muss wiederum darauf geachtet werden, für den jeweiligen Mitarbeiterkreis nur diejenigen Leistungskriterien bzw. Ziele auszuwählen, die von ihm auch beeinflusst werden können. Es macht also keinen Sinn, einem Innendienstmitarbeiter alle Leistungskriterien des Außendienstmitarbeiters zu vergüten, wenn der Innendienst keinen Einfluss auf diese Kriterien und Ziele hat. Vielmehr muss im Einzelfall hinterfragt werden, welche Leistungsmöglichkeiten beim einzelnen Mitarbeiter bzw. beim Mitarbeiterkreis liegen.

Unter *operativen Zielen* versteht man solche, die das laufende Geschäft betreffen: Deckungsbeitrag, Umsatz, Aktionen, Angebote und Umwandlungsquote von Angeboten usw. Im Innendienst können Aspekte hinzukommen wie beispielsweise Durchlaufzeit der Aufträge, Termineinhaltung, Fehlerquoten, Wartezeiten für Kunden am Telefon usw. Auch Teamziele werden üblicherweise vergütet. Dabei kann es sich zum Beispiel um einen Deckungsbeitrag handeln, der gemeinsam erwirtschaftet wurde.

Unter *strategischen Zielen* versteht man solche, die für die Weiterentwicklung des Unternehmens in der Zukunft Weichen stellen. Hierzu zählen Kunden- und Marktziele (Neukunden, Ausbau strategisch wichtiger Kunden, Umsatz und/oder Deckungsbeitrag in neuen Marktsegmenten, Marktanteile usw.) sowie Produktziele (Ausbau strategisch wichtiger Produktbereiche, Techniken und Anwendungen etc.). Solche Ziele werden zwar auf Jahresbasis definiert und vergütet, sie sind aber langfristig ausgerichtet.

Zu den strategischen Zielen zählt auch eine ganz besondere Gattung von Zielen: die *Aktivitäts- oder Maßnahmenziele.* Üblicherweise werden Verkäufer im Außen- oder Innendienst nach Ergebnissen geführt und vergütet, wie beispielsweise Deckungsbeitrag, Umsatz, Anzahl Neukunden etc. In manchen Fällen ist es jedoch sinnvoll und notwendig, Maßnahmen und Aktivitäten zu vergüten, die den Ergebnissen vorgelagert sind.

Solche Vergütungskriterien haben den Zweck, die Mitarbeiter in ihren täglichen Aktivitäten auf wichtige Maßnahmen zu lenken, die bei einer reinen Vergütung von Umsatz und Deckungsbeitrag leicht unterbleiben würden, weil sich Umsatz und Deckungsbeitrag erst später (z. B. im Folgejahr) einstellen. Darüber hinaus gibt es Fälle, in denen es keinen Sinn macht, kurzfristige Ergebnisse wie Deckungsbeitrag und Umsatz zu vergüten, da der Mitarbeiter keinen unmittelbaren Einfluss darauf hat, wie etwa bei Projektgeschäften mit langer Vorlaufzeit, bei denen Umsatz und Deckungsbeitrag erst nach Monaten oder Jahren anfallen.

Die Vergütung solcher Aktivitäten kann die Erfassung und Definition einzelner Kundenprojekte und deren Entscheider betreffen, die Präsentation der Produkte beim Entscheider, die Erreichung der Teilnahme an einer Ausschreibung etc. Oder es geht darum, über Aktivitäten Kunden an das Unternehmen zu binden, so zum Beispiel die Teilnahme des Kunden an einer hausinternen Weiterbildungsmaßnahme, die Durchführung eines Kundenseminars, die Entwicklung einer kundenspezifischen Produktlösung etc.

Solche Aktivitäts- und Maßnahmenziele werden häufig über ein Punktesystem vergütet: Der Mitarbeiter sammelt für bestimmte Aktivitäten und Maßnahmen, die er unternimmt, Punkte, wobei die verschiedenen Aktivitäten mit unterschiedlich hohen Punktzahlen belegt sind – je nach deren Bedeutung für das Unternehmen bzw. für den langfristigen Erfolg. Der Mitarbeiter hat nun die Aufgabe, im Lauf des Jahres eine bestimmte Anzahl von Punkten zu sammeln. Wenn diese Punkte für zielführende Aktivitäten gegeben werden, bleibt der langfristige Erfolg nicht aus.

Nicht selten werden Mitarbeiter bezüglich ihrer Führung und Vergütung auch in *Projektziele* eingebunden. Damit sind keine Kunden-Projekte gemeint, sondern beispielsweise die Durchführung der Analyse eines neuen Marktsegments, in dem das Unternehmen Fuß fassen möchte. Derartige Projektziele kommen häufig bei der Führung und Vergütung von Führungskräften vor, weshalb auf die Ausführungen in Abschn. 2.7.3 verwiesen wird.

Eine besondere Zielart sei an dieser Stelle hervorgehoben: *Teamziele.* Die bisher erwähnten Beispiele gingen meist von einer Führung und Vergütung des Mitarbeiters auf der Basis von Individualzielen aus: sein *persönlicher* Deckungsbeitrag, seine *persönlichen* Produkt- und Kundenziele usw. Solche Individualziele können natürlich durch Teamziele ergänzt werden, wenn der Mitarbeiter in Team-Ergebnisse eingebunden werden soll. Entweder er bringt persönliche Leistungen in das Team ein, oder das Team-Leistungskriterium dient dem Zweck, den Mitarbeiter in ein übergreifendes Ergebnis einzubeziehen, um den Blick „über den eigenen Tellerrand" hinaus zu schärfen und Teamdenken zu fördern.

Dabei kann es sich um Team-Umsätze handeln, um Team-Deckungsbeiträge, aber auch um Team-Projekte oder um Team-Ergebnisse hinsichtlich Kunden- und Aktivitätszielen.

Um ein *Kollektivziel* handelt es sich beispielsweise dann, wenn der Mitarbeiter mit seinem Einkommen in das Unternehmensergebnis eingebunden wird. Dies dient vor allem dem Zweck, dem Mitarbeiter über das Vergütungssystem seine Zugehörigkeit zum Ganzen zu verdeutlichen.

Die Vergütung von Kollektivzielen hat nach meiner persönlichen Erfahrung in den letzten Jahren abgenommen. Der Anteil des Mitarbeitereinkommens, der für dieses Vergütungskriterium reserviert werden muss, wird zusehends dafür eingesetzt, *persönliche* Leistungen des Mitarbeiters oder Teamleistungen zu vergüten und ihn damit für die Maßnahmen zu motivieren, die er selbst beeinflussen kann.

2.2.2 „Harte" und „weiche" Vergütungskriterien

Führungskräfte, die sich auf ein neues Vergütungssystem einlassen, gehen meistens davon aus, dass ausschließlich zählbare und messbare „harte" Kriterien zum Einsatz kommen. Für moderne und gut gemachte Vergütungssysteme ist es jedoch geradezu typisch, dass „harte" Kriterien durch „weiche" ergänzt werden. Dabei handelt es sich um Verhaltens- und Know-how-Aspekte wie etwa die Pflege des CRM-Systems, die Zusammenarbeit und Informationsweitergabe, Produktkenntnisse, verkäuferische Kompetenzen, die Flexibilität und Einsatzfähigkeit des Mitarbeiters etc.

Nimmt man den Aspekt ernst, dass Vergütungssysteme Teil des Führungs- und Steuerungsinstrumentariums sind, würde man einen ganz erheblichen Aspekt der Führung vernachlässigen, wenn man die Kompetenz-Aspekte des Mitarbeiters im Vergütungssystem nicht aufgreifen würde. Dabei handelt es sich um diejenigen Kompetenzen des Mitarbeiters, die Grundlage für seinen zukünftigen Erfolg sind. „Harte", das heißt zählbare und messbare Vergütungskriterien decken immer nur den Erfolg von „heute" ab. Sie befassen sich ausschließlich mit den Ergebnissen des laufenden Jahres. Auch strategische Produkt- und Kundenziele werden zu zählbaren und messbaren Größen des *laufenden* Jahres übersetzt.

Im Rahmen einer *persönlichen Leistungsbeurteilung* wird versucht, den Erfolg von „morgen" abzusichern: Der Mitarbeiter soll in seinen Kompetenzen entwickelt werden, damit er „morgen" erfolgreicher sein kann, als er es heute ist. Um dabei nicht in die Falle einer „Nasenfaktor"-Beurteilung zu tappen, müssen die Beurteilungskriterien klar und eindeutig definiert werden, sodass kein Interpretationsbedarf mehr besteht. Der Aspekt „Teamfähigkeit" ist damit kein brauchbares Beurteilungskriterium, da er viel zu interpretationsbedürftig wäre. Vielmehr muss konkretisiert werden, was man unter „Teamfähigkeit" versteht, zum Beispiel die Bereitschaft, für abwesende Kollegen einzuspringen, oder die Disziplin, das CRM-System entsprechend zu pflegen, oder die Qualität der Informationsweitergabe an den Innendienst.

Einheitliche Beurteilungssysteme, die für alle Mitarbeiter des Unternehmens gelten und in der Praxis häufig anzutreffen sind, erfüllen diese Voraussetzung nicht, da sie in Bezug auf die einzelnen Mitarbeiterbereiche zu unspezifisch sind. Gute Beurteilungssysteme sind auf den jeweiligen Mitarbeiterbereich zugeschnitten und helfen so, zu konkreten und eindeutigen Beurteilungskriterien zu gelangen. Mit anderen Worten: Im Innendienst gelten andere Beurteilungskriterien als im Außendienst.

Gut gemachte Beurteilungssysteme kommen mit acht bis zehn Beurteilungskriterien aus. Diese geben die wichtigsten Verhaltens- und Know-how-Maßstäbe des jeweiligen Bereichs wieder. Als sehr erfolgreich haben sich Systeme erwiesen, bei denen sich die Mitarbeiter auch *selbst beurteilen* können – zusätzlich zur Beurteilung durch die Führungskraft. Führungskräfte sind immer wieder darüber erstaunt, wie realistisch sich Mitarbeiter selbst beurteilen. Technisch werden die Beurteilungen über ein Punktesystem abgewickelt: Über niedrigere bzw. höhere Punkte werden die Kompetenzen des Mitarbeiters beurteilt. Unterschiedlich hohe Punktwerte stehen dann für unterschiedlich hohe variable Vergütungen.

Die Einbringung solcher Beurteilungssysteme in das Vergütungsmodell rundet den Führungscharakter des Vergütungssystems ab. Die „weichen" Kriterien erhalten in der variablen Vergütung meist kein allzu hohes Gewicht; dieses bleibt den zählbaren/messbaren Vergütungskriterien vorbehalten. Doch die „weichen" Kriterien werden als wichtig genug erachtet, um sie im Vergütungssystem zu berücksichtigen. So entsteht ein gewisser Zwang für die Führungskraft, die Beurteilung auch tatsächlich durchzuführen und damit ihrer Führungsaufgabe nachzukommen. Die Mitarbeiter bringen der Beurteilung weniger Misstrauen entgegen, da sie im Rahmen einer Selbstbeurteilung in die Beurteilung einbezogen werden und da die Beurteilungskriterien konkret genug sind, um „Nasenfaktor"-Beurteilungen auszuschließen.

2.3   Baustein 3: Vergütung von Deckungsbeiträgen

Ein wesentliches Element der modernen Vergütung ist die Einbindung der Mitarbeiter in Deckungsbeiträge. Dies ist kein absolutes Muss: Verfolgt das Unternehmen im Markt vornehmlich Markanteilsziele, kann die Vergütung eines Deckungsbeitrags hinderlich sein. Sollen aber Erträge abgesichert werden, macht es Sinn, die Mitarbeiter vor Ort in die Sicherstellung von Deckungsbeiträgen einzubinden, die aus ihrer Arbeit resultieren.

2.3.1 Einbindung der Mitarbeiter in Erträge

Wird der Mitarbeiter in die Vergütung von Deckungsbeiträgen eingebunden, sind damit stets *absolute* Deckungsbeiträge gemeint, also Deckungsbeitrag in Euro und nicht in Prozent. Beim Deckungsbeitrag handelt es sich um den Ertrag, den der Mitarbeiter oder das Team aus seinen Produkt- und Kundenumsätzen erwirtschaftet. Der Deckungsbeitrag definiert sich als Differenz zwischen dem Netto-Umsatz (nach Erlösschmälerungen) und den direkten (variablen) Kosten des Produkts oder der Dienstleistung. Bereinigt man diesen Deckungsbeitrag 1 um die Kosten des Mitarbeiters, ergibt sich ein Deckungsbeitrag 2. Dies ist in aller Regel die Basis einer ertragsorientierten Vergütung[1]. Das Rechenschema, das zu einem Deckungsbeitrag 2 führt, sieht demnach wie folgt aus:

Alle Ansätze zur deckungsbeitragsorientierten Vergütung betrachten die Mitarbeiter (die Außendienstmitarbeiter, die Innendienstmitarbeiter oder das Team) als Profit-Center. Der Mitarbeiter oder das Team agiert wie ein Unternehmer im Unternehmen und liefert einen Ertrag in Form eines Deckungsbeitrags nach eigenen Kosten ab.

Dem liegt der Gedanke zugrunde, Durchgängigkeit herzustellen und die Mitarbeiter „an der Front" des Unternehmens in die Sicherstellung des Unternehmensertrags einzubinden, indem die einzelnen Mitarbeiter bzw. Teams nach individuellen Deckungsbeitragszielen geführt und vergütet werden. Dadurch erhalten sie Transparenz darüber, welche Preise noch sinnvoll sind, wie man die ertragsstarken Produkte und Kunden stärker ausbauen kann, wo die eigenen Kosten gesenkt werden können etc. Erfahrungsgemäß steigt die Kompetenz der Mitarbeiter, sie gehen verantwortungsbewusster mit Preisnachlässen und Kundenkonditionen um und beginnen, gezielt die Produkte und Kunden auszubauen, die für das Unternehmen interessant sind.

Einflussgrößen auf den Deckungsbeitrag

Welche Ansatzpunkte hat nun der einzelne Mitarbeiter oder das Team, um den Deckungsbeitrag positiv zu beeinflussen? Folgende fünf Einflussgrößen sind gegeben:

Einflussgrößen Deckungsbeitrag

- Umsatz-Volumen (Absatz/Menge)
- Preise und Konditionen

---

[1]Zum Aufbau eines deckungsbeitragsbezogenen Vergütungssystems siehe Kieser (2008).

- Produkt-Mix (die Forcierung der ertragsstarken Produkte und Leistungen)
- Kunden-Mix (die Forcierung der ertragsstarken Kunden)
- Eigene Kosten

Durch *Umsatzwachstum* erhöht sich auch der Deckungsbeitrag, sofern der Umsatz nicht durch Preisnachlässe bzw. durch Einräumung zusätzlicher Konditionen „gekauft" wurde. Viele Unternehmen vergüten ihren Außendienst- und Innendienstmitarbeitern gar keine Umsätze mehr, sondern nur noch Deckungsbeiträge (neben weiteren, eher strategisch ausgerichteten Kriterien), weil im absoluten Deckungsbeitrag der Umsatz bereits enthalten ist und man diesen eigentlich nicht doppelt vergüten muss.

Dabei wird deutlich, dass nur die Vergütung eines *absoluten* Deckungsbeitrags Sinn macht. Die Vergütung eines prozentualen Deckungsbeitrags wäre sogar kontraproduktiv: Ein Großauftrag, der zu niedrigen Preisen abgewickelt wird, bringt meist noch gewisse absolute Deckungsbeiträge, senkt aber durchweg die prozentuale Marge. Würde man jetzt einen prozentualen Deckungsbeitrag vergüten, müsste der Mitarbeiter aus Einkommensüberlegungen heraus den Auftrag ablehnen, obwohl er noch absolute Deckungsbeiträge einbringt. Persönliches Interesse des Mitarbeiters und Unternehmensinteresse würden so auf Kollisionskurs geraten.

Eine gleichzeitige Vergütung von Deckungsbeitrag und Umsatz macht vor allem dort Sinn, wo die Aspekte Marktanteil und Auslastung der eigenen Produktionskapazitäten eine besondere Rolle spielen. Durch die Vergütung des Umsatzes als eigenes Kriterium können diese Aspekte nochmals betont werden.

Was *Preise und Konditionen* anbetrifft, hat der Mitarbeiter natürlich meist großen Einfluss auf sein Deckungsbeitragsniveau, sofern er Preise und Konditionen in gewissem Umfang selbst gestalten kann.

In einigen wenigen Unternehmen können die Verkäufer keinen oder nur geringen Einfluss auf Preise und Konditionen nehmen. In diesen Fällen wird seitens der Unternehmen oft argumentiert, dass in ihrem Fall eine deckungsbeitragsorientierte Vergütung keinen Sinn mache. Das wäre dann richtig, wenn die Preis- und Konditionengestaltung der einzige Einflussfaktor für Deckungsbeiträge wäre. Es gibt aber noch vier weitere (siehe die Ausführungen oben und im Folgenden).

Was den *Produkt-Mix* anbetrifft, so geht es um den gezielten Ausbau der renditestarken Artikel und Dienstleistungen beim Kunden. Dahinter stehen folgende Überlegungen der Verkäufer:

- Bei welchen kaufenden Kunden sind die ertragsstarken Produkte und Dienstleistungen unterrepräsentiert oder werden beim Wettbewerb gekauft?

- Wo sind neue Kunden, die Bedarf an diesen Produkten und Dienstleistungen haben?
- Bei welchen Kunden können renditeschwache Me-too-Produkte gegen renditeträchtigere und individuellere Produkte oder Dienstleistungen ausgetauscht werden?

Selbst wenn absolutes Umsatzwachstum in einer Branche oder Konjunkturlage nicht mehr möglich ist, und selbst wenn am Markt ein Preisverfall vorherrschen würde, kann über das Kriterium Produkt-Mix (und auch über den im Folgenden darzustellende Kunden-Mix) die Qualität der Umsätze verbessert und das Ertragsniveau nicht selten deutlich gesteigert werden.

Beim *Kunden-Mix* handelt es sich um den bewussten Ausbau der ertragsstärkeren Kunden. Dahinter stecken wieder folgende Überlegungen für die Verkäufer im Außen- und Innendienst:

- Welche ertragsstarken kaufenden Kunden haben noch Umsatzpotenziale, die derzeitig beim Wettbewerb liegen und durch intensive Pflege der Kunden auf das eigene Unternehmen gelenkt werden können?
- Wo sind potenzielle ertragsstarke Neukunden, die akquiriert werden können?

Was nun die *Kosten* des Mitarbeiters anbetrifft, gibt es zwei Ansatzpunkte für deren Reduzierung: Zum einen kann er die Kosten, die er *selbst* verbraucht (wie Reisekosten, Kf z-Kosten, Telefonkosten etc.) reduzieren. Zum anderen sind in seinem Profit-Center evtl. *weitere* Kosten berücksichtigt, auf die er Einfluss nehmen kann (z. B. Forderungsausfälle, Kosten für Muster, Kosten für den Einsatz anderer Mitarbeiter oder Abteilungen bei seinen Kunden, Kosten für die Erstellung aufwendiger Angebote etc.).

Nun genügt es nicht, die Mitarbeiter im Außen- und Innendienst nur nach Deckungsbeiträgen zu vergüten und sie sich gewissermaßen selbst zu überlassen. Vielmehr benötigen sie Analysen und Informationen über ihr Preisniveau, über ihr Produkt-Mix, Kunden-Mix und über ihr Kostenniveau im Vergleich zu ihren Kollegen. Sie benötigen ein „Navigationssystem" für die Verbesserung ihrer Deckungsbeiträge.

Dazu zählen solche Informationen, die zunächst nur einmal pro Jahr gegeben werden sollten, zum Beispiel eine Kunden-Hitliste und eine Hitliste der verkauften Produkte, jeweils geordnet nach absoluten Deckungsbeiträgen in abfallender Reihenfolge. Daneben sollten weitere Informationen gegeben werden, die monatlich oder mindestens quartalsweise ausgehändigt werden, wie etwa der Vergleich des Preis- und Konditionenniveaus des Mitarbeiters mit dem durchschnittlichen

Preisniveau des Unternehmens bei den verschiedenen Produkten bzw. entsprechende Vergleiche beim Produkt-Mix, Kunden-Mix sowie beim Kostenniveau (vgl. Kieser 2008, S. 64 ff.). Durch solche sparsame, aber informative Analysen erfährt der Mitarbeiter, wo er Schwerpunkte zur Verbesserung seiner Deckungsbeiträge setzen kann.

Das Ziel ist es, den Mitarbeiter über spürbare Einkommenssteigerungen zu diesen Verbesserungen zu veranlassen. Durch nichts profitiert das Unternehmen mehr als durch die Verbesserung der Deckungsbeiträge bei jedem einzelnen Mitarbeiter.

2.3.2 Verkäufer verhalten sich als Unternehmer

Mit Einführung einer deckungsbeitragsorientierten Führung und Vergütung werden seitens der Führungskräfte oft Befürchtungen dahin gehend geäußert, dass die ertragsorientierte Vergütung zu Preissenkungen führen könnte, da die Mitarbeiter jetzt Erkenntnisse über besser kalkulierte Produkte gewinnen würden. Dadurch könnten sie in Versuchung kommen, die entsprechenden Preise abzusenken. Genau das Gegenteil geschieht aber: Durch derartige Preissenkungen würde der Mitarbeiter unmittelbar sein variables Einkommen reduzieren.

Vielmehr erfolgt nach allen Erfahrungen, die ich in etwa 800 Vergütungsprojekten sammeln konnte, eine klare und eindeutige Orientierung in Richtung Durchsetzung anspruchsvollerer Preise und Konditionen. In meinen gesamten Jahren als Vergütungsberater ist mir noch kein Unternehmen begegnet, das diesen Sachverhalt nicht bestätigt hätte.

Beispiel

Der Vertriebsleiter eines Unternehmens mit 140 Außendienstmitarbeitern berichtete vor kurzem, dass die Anrufe seiner Mitarbeiter, die nach Sonderpreisen und Sonderkonditionen für ihre Kunden verlangten, nach Einführung der deckungsbeitragsbezogenen Vergütung um 80 % zurückgegangen seien. Die Mitarbeiter stellen ihr Bestreben zurück, für den Kunden stets die besten Preise „herauszuholen". Sie werden gefestigter in der Preisverteidigung und verlieren ihr Interesse an Umsätzen, die keine oder nur noch minimale Deckungsbeiträge beinhalten.

Oft wird befürchtet, dass zielorientierte Vergütungssysteme den Führungskräften viel Arbeit bereiten könnten. In der Regel tritt jedoch eine starke Entlastung der Führungskräfte ein, weil die Mitarbeiter sich zu einem guten Teil selbst steuern und führen.

Eine weitere Befürchtung im Zusammenhang mit der Einführung ertragsorientierter Vergütungssysteme geht in die Richtung, die Mitarbeiter könnten die Deckungsbeiträge bzw. die Produktkalkulationen bei einem Wechsel des Unternehmens an den Wettbewerb weitergeben. Dagegen kann man sich schützen, indem in der Deckungsbeitrags-Ermittlung mit Produktkosten und Leistungskosten gearbeitet wird, die durch einen entsprechenden Korrekturfaktor verändert werden. Man verwendet also nicht die tatsächlichen variablen Kosten, sondern man arbeitet mit Herstellkosten oder entsprechend beaufschlagten Produktkosten, kalkulierte Produktkosten werden also mit einem Faktor beaufschlagt.

Besteht die Gefahr, dass nach der Umstellung auf eine ertragsorientierte Vergütung die Produkte und Kunden mit niedrigeren Deckungsbeiträgen vernachlässigt werden? Natürlich nicht, denn der Mitarbeiter benötigt auch diese Produkte und Kunden, um sein Deckungsbeitragsziel zu erfüllen. Allerdings wird er mehr Interesse haben, die ertragsstarken Produkte und Kunden auszubauen, da er und das Unternehmen hiervon am meisten profitieren.

Abschließend ist festzuhalten, dass sich das Verhalten der Mitarbeiter, die deckungsbeitragsorientiert vergütet werden, nachhaltig ändert, und zwar in Richtung auf preisstabiles Verkaufen, Forcierung der „richtigen" Produkte und Kunden sowie in Richtung Kostendämpfung. Damit verbessert sich zwangsläufig auch die Ertragssituation des Unternehmens. Dementsprechend berichten die betreffenden Unternehmen auch, dass sich ihre Umsatzrentabilität verbessert hat oder beispielsweise ein branchenbedingter Renditeverfall gestoppt oder deutlich abgemildert wurde. Ein bekannter Hersteller von EDV-Zubehör schreibt:

Beispiel

„Das System funktioniert hervorragend und ... wurde auch in unserer neuen Niederlassung in Österreich eingeführt. Neben ein paar anderen Entscheidungen in den vergangenen Jahren war die Einführung dieses Vergütungssystems sicherlich eine der besten Entscheidungen, die wir treffen konnten ... Noch dazu hat es nachhaltig positiven Einfluss auf unsere Profitabilität genommen. Und vor allem hat es sich zu einem hervorragenden Führungsinstrument entwickelt."

2.4   Baustein 4: Zielprämien statt Provisionen

In Abschn. 2.1 wurde dargelegt, dass moderne Vergütungssysteme sich zunächst als Führungs- und Steuerungsinstrumente verstehen: Der Mitarbeiter im Außen- und Innendienst wird in die Ziele des Unternehmens oder des Vertriebs eingebunden.

Seine variable Vergütung definiert sich als Kompensation für zielkonforme Leistungen. Dieser Aspekt ist gewissermaßen ein wesentliches Standbein der modernen Vergütung. Ein anderes Standbein ist die starke Motivationswirkung moderner Vergütungssysteme: Mehrleistung lohnt sich viel mehr als bei klassischen Vergütungssystemen.

2.4.1 Mehrleistung soll sich lohnen

Ein klares Defizit klassischer, provisionsorientierter Vergütungssysteme liegt in deren Langweiligkeit. Der Mitarbeiter erhält beispielsweise eine Provision, die ab dem ersten Euro Umsatz oder Deckungsbeitrag vergütet wird, den der Mitarbeiter erwirtschaftet. Die klassische Definition der Provision versteht sich wie folgt: Der Mitarbeiter erhält einen Prozentsatz auf ein bestimmtes Leistungskriterium. Grafisch sieht dies so aus, dass eine Provisionskurve proportional zur erbrachten Leistung vergütet wird.

In Abb. 2.4 ist die aktuelle Leistung des Mitarbeiters (im Jahr X) eingezeichnet, ebenso seine dazugehörige aktuelle Vergütung aus fixen und variablen Anteilen.

Dabei stellt sich die Frage: Wo wird die Leistung des Mitarbeiters im Jahr X + 1 liegen? Im besten Fall 5 bis 20 % über der alten Leistung und im schlechtesten Fall 5 bis 20 % unter seiner Vorjahresleistung. Die Schwankungsbreite ist selbstverständlich von der jeweiligen Branche und auch vom jeweiligen Vergütungskriterium abhängig.

Dies bedeutet, dass in einem Vergütungssystem, wie es in Abb. 2.4 dargestellt wird, die tatsächliche Leistung des Mitarbeiters im neuen Jahr nur innerhalb eines Leistungskorridors um die alte Leistung herum schwankt. Dies bedeutet aber gleichzeitig, dass 80 bis 95 % der variablen Vergütung für eine Leistung ausgegeben werden, die niemand im Unternehmen mehr infrage stellt, selbst der betroffene Mitarbeiter nicht. Man könnte provokant formulieren: 80 bis 95 % der variablen Vergütung werden für eine „nicht verhinderbare" Leistung ausgegeben und nur 5 bis 20 % für die Leistung, um die es im laufenden Jahr eigentlich geht. Dadurch, dass die variable Vergütungskurve bereits bei der ersten Leistungseinheit (z. B. beim ersten Euro Umsatz oder Deckungsbeitrag) startet, bekommt sie insgesamt einen äußerst langweiligen, weil flachen Anstieg.

Daraus resultiert aber auch: Die variable Vergütungskurve verläuft „nach oben" für Besserleistungen genauso langweilig, wie sie „nach unten" abfällt. Hat der Mitarbeiter beispielsweise einen variablen Vergütungsanteil von 40 % und

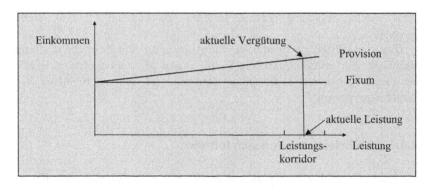

Abb. 2.4 Klassische Provisionsvergütung im Vertrieb

einen fixen von 60 %, erhält er 4 % mehr Einkommen, wenn er seine Ergebnisse um 10 % steigert. In vielen Branchen gilt ein derartiger Anstieg selbst in guten Konjunkturlagen als äußerst anspruchsvoll.

▶   **Quintessenz:** Mehrleistung lohnt sich nicht wirklich. Der variable Teil der Vergütung stützt die Mehrleistung zu wenig, er wirkt wie eine Verlängerung des Fixums. Wenn heute von manchen Führungskräften die Wirkung der variablen Vergütungssysteme auf die Motivation der Mitarbeiter angezweifelt wird, verwundert dies nicht, wenn man die einzige Vergütungserfahrung mit derart defizitären Vergütungssystemen gemacht hat. Solche klassischen Vergütungsansätze (wie Provisionssysteme) haben eher „einschläfernden" als motivierenden Charakter.

Wie sieht nun der Zuschnitt moderner Vergütungssysteme aus? Die variable Vergütungskurve beschränkt sich auf den eigentlichen Leistungskorridor des Mitarbeiters und verläuft dort entsprechend steil. Abb. 2.5 verdeutlicht dies.

Man erkennt, dass moderne Vergütungssysteme die variable Vergütung auf den eigentlichen Leistungsbereich des Mitarbeiters konzentrieren. Der Mitarbeiter erhält eine Zielprämie für eine Zielerfüllung. Vergütet wird lediglich der „Dunstkreis" um die *gute Leistung* herum. Es handelt sich genau um die Leistung, die für das laufende Jahr als realistisch angesehen wird.

Lässt man die variable Vergütungskurve am unteren Ende des Leistungskorridors starten und führt man sie durch den Punkt des alten Mitarbeiter-Einkommens, hat man eine *einkommenswahrende* Vergütungsumstellung vollzogen: bei gleicher Leistung gleiches Einkommen. Aus Sicht des Mitarbeiters ist eine solche

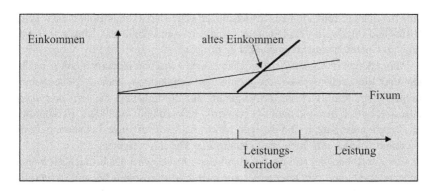

Abb. 2.5 Konzentration der variablen Vergütung auf den eigentlichen Leistungsbereich des Mitarbeiters

BESSER (handwritten)

Vergütungsumstellung *einkommensneutral,* aus Sicht des Unternehmens *kostenneutral.* Allein durch die Tatsache der Umstellung auf das neue Vergütungssystem ändert sich die absolute Höhe des Mitarbeitereinkommens also nicht, die Personalkosten bleiben stabil. Man holt den Mitarbeiter einkommensmäßig genau dort ab, wo er sich vor der Einkommensumstellung befand.

Der Unterschied liegt natürlich im wesentlich steileren Verlauf der Vergütungskurve: Erreicht der Mitarbeiter eine spürbare Mehrleistung, kann er sein variables Einkommen zum Beispiel um 50 %, 100 % oder noch mehr erhöhen. Hierfür hätte er bei klassischen, provisionsorientierten Vergütungssystemen Jahre benötigt. Der Anreiz für Mehrleistung ist im zielprämienorientierten Vergütungssystem ungleich höher.

Im Gegensatz zu herkömmlichen, provisionsorientierten Vergütungssystemen wird das Zielprämien-Einkommen des Mitarbeiters aber nicht „verrentet", da jährlich neue Ziele vereinbart werden. In der klassischen Provisionsvergütung konnte der Mitarbeiter bei Wachstum des Unternehmens sein variables Einkommen permanent aufstocken, da jedes Jahr immer wieder aufs Neue die Leistung aller zurückliegenden Jahre vergütet wurde. Dies hat bei explosionsartigem Wachstum des Unternehmens häufig auch zu ungewollten Provisionsexplosionen geführt.

Moderne Vergütungssysteme sind „vorwärts-orientiert", da der Leistungskorridor (vgl. Abb. 2.5) des Mitarbeiters jedes Jahr neu definiert wird. Bei erwartetem Markt- und Unternehmenswachstum wandert er auf der Leistungsachse nach rechts; ein neues, höheres Ziel wird definiert, das dem Marktwachstum bzw. dem angepeilten Unternehmens-Wachstum entspricht. Die Folge ist, dass kurzfristig

eine maximale Motivation zu Bestleistungen gegeben ist, ohne Einkommen langfristig und ungewollt „explodieren" zu lassen – und damit das Einkommensgefüge im Unternehmen durcheinander zu bringen.

Man erkennt hier ganz klar den Unterschied zwischen modernen, gut gemachten und klassischen, provisionsorientierten Vergütungssystemen: Neue Vergütungssysteme konzentrieren die Vergütung auf die Leistung, die *jetzt und heute*
angestrebt wird. Sie sind damit gegenwarts- bzw. zukunftsorientiert. Herkömmliche Vergütungssysteme sind dagegen rückwärts- oder vergangenheitsorientiert, da
sie immer wieder aufs Neue die Leistung aller Vorjahre vergüten.

Ein Zahlenbeispiel soll dies verdeutlichen: Dabei wird der Einfachheit halber
angenommen, dass der Mitarbeiter nur nach einem einzigen Leistungskriterium
vergütet wird, und zwar nach Deckungsbeitrag. Sein Ziel soll darin bestehen,
im Geschäftsjahr einen Deckungsbeitrag 2 in Höhe von 600.000 € zu erreichen.
Der variable Einkommensanteil des Mitarbeiters sei 15.000 € für Zielerreichung
(= 100 %). Es wird in diesem Beispiel (vgl. Abb. 2.6) angenommen, dass der
Leistungskorridor des Mitarbeiters zwischen 80 % Zielerfüllung und 120 % Zielerfüllung liegt. Ferner wird angenommen, dass sich seine Zielprämie bei Erreichung der 120 % verdoppelt. Im Beispiel der Abb. 2.6 wird davon ausgegangen,
dass der Mitarbeiter hinsichtlich seiner variablen Vergütung gleiche Chancen wie
Risiken erhalten soll. Dies bedeutet, dass bei Nicht-Erreichung der 80 % die Prämie total entfällt.

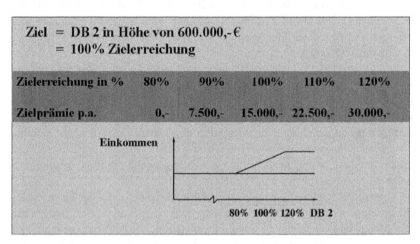

Abb. 2.6 Rechnerisches Beispiel für Zielprämien

Die grafische Darstellung der Abb. 2.6 macht deutlich, dass die Zielprämien-Kurve bei 80 % Zielerfüllung zu steigen beginnt und kontinuierlich, aber überproportional bis zur Erreichung der 120-Prozent-Zielerfüllung weiterläuft. In diesem Zusammenhang wird oft eingewendet, dass moderne Vergütungssysteme die Basisleistung des Mitarbeiters zu wenig berücksichtigen, da sie nur innerhalb des Leistungskorridors vergüten. Dem ist entgegenzusetzen, dass der Mitarbeiter seine Zielleistung innerhalb des Leistungskorridors gar nicht erreichen kann, ohne seine Basisumsätze und -deckungsbeiträge einzufahren.

Betrachtet man Abb. 2.5, so wird deutlich, dass die variable Vergütungskurve moderner Vergütungssysteme nicht nur „nach oben" viel steiler verläuft als bei herkömmlichen Vergütungssystemen, sondern sie fällt auch „nach unten" steiler ab. Die Verlockung des Mitarbeiters für gute Ergebnisse wird größer, aber auch die Konsequenzen bei schlechten Ergebnissen. Deshalb wird die variable Vergütungskurve nicht selten so gestaltet, dass sie „nach unten" flacher abfällt, als sie „nach oben" ansteigt. Hierzu mehr in Abschn. 2.4.2.

2.4.2   Wie Zielprämien funktionieren

Im letzten Abschnitt wurde deutlich, dass eine Vergütung mit Zielprämien hohe Anreize für Spitzenleistungen schafft. Der Motivationseffekt resultiert jedoch nicht nur aus der spannenden Vergütung, sondern aus der Motivation, die die Führung mit Zielen erzeugt (vgl. Abschn. 2.1). Drei Elemente verbinden sich dabei zu einem Motivationsstrang:

Funktionsweise von Zielprämien

- Die Definition von Zielen richtet das eigene Handeln des Mitarbeiters auf gewünschte Prioritäten und ist Voraussetzung jeder Motivation.
- Die Einbeziehung des Mitarbeiters in die Zielfindung schafft Akzeptanz und
- Identifikation mit dem Ziel.
- Ein Vergütungssystem, das Zielerfüllung belohnt und Zielüberschreitung nachhaltig besser vergütet, wirkt als extrinsischer Motivationsfaktor und unterstützt die Motivation des Mitarbeiters, die aus der zielorientierten Führung und Steuerung resultiert.

Das voranstehende Kapitel hat ebenfalls aufgezeigt, dass sich Zielprämien auf den eigentlichen Leistungskorridor des Mitarbeiters beschränken. Hieraus ergibt sich letztlich der steile Anstieg der variablen Vergütungskurve.

Wie soll nun dieser Leistungskorridor definiert werden? Er repräsentiert die Bandbreite, in der die Zielerreichung des Mitarbeiters voraussichtlich schwankt bzw. schwanken könnte. Das hat also mit der Volatilität des Marktes bzw. mit der Planbarkeit des Leistungskriteriums zu tun.

Zwei Fallbeispiele sollen dies verdeutlichen:

Beispiel

Eines der Mitarbeiterziele betrifft den Deckungsbeitrag. Der Mitarbeiter hat im Vorjahr einen Deckungsbeitrag in Höhe von 340.000 € erwirtschaftet, für das neue Jahr ist eine Steigerung in Höhe von 6 % geplant, was einen Zielwert von 360.400 € ergibt. Die Vergangenheit hat gezeigt, dass es sich beim Deckungsbeitrag um einen relativ konstanten Wert handelt, der keinen allzu großen Schwankungen unterliegt und überschaubare Abweichungen birgt. Es ist also eine relative Planungssicherheit gegeben. Das Unternehmen entschließt sich, den Leistungskorridor von 90 % bis 110 % Zielerreichung auszulegen.

Der Mitarbeiter wird gleichermaßen in ein Produktziel eingebunden. Es handelt sich um eine Neuentwicklung. Eigene Vermarktungserfahrungen liegen bislang noch nicht vor, lediglich Wettbewerbszahlen können bei vergleichbaren Produkten geschätzt werden. Das Ziel von 50.000 € Deckungsbeitrag mit diesem Produkt ist also mit großen Unsicherheiten behaftet. Hier setzt das Unternehmen zwar als Ziel die 50.000 € Deckungsbeitrag fest, definiert den Leistungskorridor aber zwischen 50 % und 150 % Zielerreichung.

Damit wird deutlich, dass für die verschiedenen Leistungskriterien des Mitarbeiters unterschiedliche Leistungskorridore festgelegt werden müssen, und zwar in Abhängigkeit von der Planbarkeit des Kriteriums bzw. der Volatilität des jeweiligen Marktes, für den das Leistungskriterium definiert wird.

Der Leistungskorridor ist also bestimmt durch einen „unteren Leistungspunkt" (z. B. 90 oder 50 % Zielerreichung) und durch einen „oberen Leistungspunkt" (z. B. 110 oder 150 % Zielerreichung). Für Leistungen, die unterhalb des „unteren Leistungspunkts" liegen, erhält der Mitarbeiter keine Zielprämie mehr, sondern nur seine Fixvergütung. Erst beim „unteren Leistungspunkt" beginnt die variable Vergütung und erhält damit den bereits geschilderten steilen Verlauf. Nach dem „oberen Leistungspunkt" wird die Zielprämienkurve in aller Regel gekappt, da der „obere Leistungspunkt" gewissermaßen die Leistung darstellt, die nach menschlichem Ermessen „gerade noch" erreicht werden kann. Auf diese Weise wird die variable Vergütung des Mitarbeiters auf den eigentlichen Leistungskorridor beschränkt, der im Laufe des Jahres die Möglichkeiten des

Mitarbeiters repräsentiert. Schlechte Leistungen, also solche, die unterhalb des Leistungskorridors liegen, müssen nicht mit variabler Vergütung belohnt werden. Leistungen über den „oberen Leistungspunkt" hinaus sind meist zufallsorientiert und müssen nicht mehr zusätzlich vergütet werden.

Diese Kappung der variablen Vergütung am „oberen Leistungspunkt" wird natürlich seitens der Mitarbeiter oft infrage gestellt. Es wird argumentiert, dass damit gute Leistungen bestraft würden. Die Kappung macht aber aus drei Gründen Sinn:

Gründe für Leistungskappung

- Der Verzicht auf eine Kappung könnte die Mitarbeiter dazu verleiten, die Ziele tiefer als notwendig anzusetzen, um dann von einer ungebremsten Kurve profitieren zu können.
- Der „obere Leistungspunkt" stellt eine absolute Spitzenleistung dar, die für den Mitarbeiter nicht leicht zu erreichen ist. Ein Überschreiten dieses Punktes geschieht meist entweder aufgrund zu niedriger Ziele (s. o.) oder aufgrund von Zufälligkeiten im Markt. Zufälligkeiten sollten aber nicht mit extrem steil verlaufenden Vergütungskurven belohnt werden.
- Würde das Unternehmen mit klassischen, das heißt eher „langweiligen" Vergütungskurven arbeiten, müsste eine Kappung natürlich nicht vorgesehen werden, da Spitzenergebnisse (z. B. in klassischen Provisionssystemen) nur mit relativ mäßigem Einkommenszuwachs verbunden sind. Zielprämiensysteme arbeiten mit extrem steil verlaufender Vergütungskurve, sodass es sinnvoll erscheint, das Unternehmen gegen unsinnige (weil zufällige) „Explosionen" des variablen Einkommens zu schützen. Die Mitarbeiter sind ebenfalls geschützt für den Fall, dass die Leistung unter den „unteren Leistungspunkt" abfällt. Dort erhalten sie immer noch ihr Fixum.

Die hier dargestellte Kappung ist üblich, aber kein Muss. Manche Unternehmen lassen die Vergütungskurve auch nach dem „oberen Leistungspunkt" weiterlaufen, bisweilen auch mit einem abgemilderten Steigungswinkel.

Wie stellt sich nun der Verlauf der Prämienkurve dar? Um wie viel soll das variable Einkommen des Mitarbeiters ansteigen, wenn er den „oberen Leistungspunkt" erreicht? Die Antwort hängt von zwei Aspekten ab:

1. Einerseits soll die variable Vergütung am „oberen Leistungspunkt" so hoch sein, dass sie einen starken Anreiz darstellt, diesen Punkt zu erreichen. Viele Unternehmen verdoppeln die Zielprämie beim „oberen Leistungspunkt" oder verdreifachen sogar die Prämie.

2. Gleichzeitig darf natürlich die Kostenseite nicht aus dem Auge verloren werden: Rechtfertigt der Deckungsbeitrags-Zugewinn am „oberen Leistungspunkt" eine Verdoppelung bzw. Verdreifachung der Zielprämie, oder wird ein zu großer Teil des zusätzlichen Deckungsbeitrags an den Mitarbeiter ausgeschüttet?

Dieser Sachverhalt muss bei der Konzipierung eines Vergütungssystems sehr gründlich geprüft werden. Die Konstruktion eines spannenden und motivierenden Vergütungssystems ist nur die eine Seite der Medaille. Die Kehrseite der Medaille betrifft die Frage nach der Bezahlbarkeit des Vergütungsmodells. Beide Aspekte müssen in ein ausgewogenes Verhältnis gesetzt werden.

Eine Relation von 30 zu 70 % erscheint sehr sinnvoll zu sein: 30 % des erwirtschafteten Mehr-Deckungsbeitrags aus den Zielübererfüllungen für die Mitarbeiter, 70 % für das Unternehmen. Es gibt aber Unternehmen, die wesentlich höhere Anteile an die Mitarbeiter ausschütten (bis zu 60 %). Dabei muss Folgendes bedacht werden:

Beispiel

Wenn sich das Unternehmen über die Jahre hinweg auf einem Wachstumspfad befindet, wird sich dies auch in den Mitarbeiterzielen manifestieren: Diese steigen tendenziell von Jahr zu Jahr an. Natürlich kann es auch einzelne Jahre mit schwieriger Perspektive geben, in denen die Ziele tiefer angesetzt werden als im Vorjahr. Geht man aber von tendenziell ansteigenden Zielen aus, wird deutlich, dass die Ausschüttung an den Mitarbeiter – anders als bei herkömmlichen Vergütungssystemen – nicht „verrentet" wird: Die Belastung des zusätzlich erwirtschafteten Deckungsbeitrags bei Zielübererfüllung erfolgt zunächst in voller Höhe nur im ersten Jahr. Dort werden zum Beispiel 30 % an den Mitarbeiter ausgeschüttet. Steigen die Ziele im Folgejahr und wiederholt der Mitarbeiter seine Vorjahresleistung, erhält er dafür nicht mehr die gleiche Zielprämie. Er muss sein neues Ziel in gleichem Maß *übererfüllen* wie im Vorjahr, um die alte Zielprämie wieder zu erreichen.

Bei tendenziellem Wachstum des Unternehmens und damit steigenden Mitarbeiterzielen lässt die Kostenbelastung für das Unternehmen aufgrund einer einmaligen Zielübererfüllung durch den Mitarbeiter schrittweise nach. Hat der Mitarbeiter im Jahr X sein Ziel beispielsweise um 5 % überschritten und würde das neue Ziel im Jahr X + 1 um 5 % erhöht, wäre die zusätzliche Kostenbelastung für das Unternehmen sogar nur auf ein Jahr begrenzt. Hält der Mitarbeiter seine alte Leistung, würde im Jahr X + 1 bereits der volle Deckungsbeitrag alleine dem Unternehmen gehören.

Aus diesem Beispiel darf aber nicht gefolgert werden, dass das neue Ziel für den Mitarbeiter grundsätzlich die gute Leistung festschreibt, die er im Vorjahr erzielt hat. Ein Beispiel soll diesen Zusammenhang verdeutlichen:

Beispiel
Der Mitarbeiter hat im Jahr X sein Ziel um 10 % überschritten. Er hat seinen „oberen Leistungspunkt" erreicht und damit eine Spitzenprämie verdient. Im Jahr X + 1 setzt das Unternehmen ein Wachstum von 5 % an. Jetzt wäre es höchstwahrscheinlich sehr ungerecht, dem Mitarbeiter auf seine Spitzenleistung im Jahr X + 1 nochmals 5 % Steigerung aufzubürden. Das angestrebte Wachstum des Unternehmens müsste auf sein *ursprüngliches* Ziel beaufschlagt werden. Ansonsten würde der Mitarbeiter für seine gute Leistung bestraft. Er muss auch im neuen Jahr die Chance behalten, wieder eine gute Prämie zu verdienen.

Dass es Sinn macht, das neue Ziel des Spitzenleisters nicht überehrgeizig anzusetzen, wird deutlich, wenn man dem Spitzenleister einen Schwachleister gegenüberstellt, der im Jahr X seine Ziele nicht erreicht hat. Würde man jetzt das neue Unternehmensziel (z. B. Steigerung des Deckungsbeitrags um 5 %) gleichermaßen auf die jeweilige Mitarbeiterleistung des Jahres X aufschlagen, würde nicht nur der Spitzenleister für seine gute Leistung bestraft, der Schwachleister würde für seine schwache Leistung gleichermaßen belohnt.

Die variable Vergütungskurve steigt also für Leistungen über 100 % Zielerreichung hinaus steil an (z. B. Verdoppelung oder Verdreifachung der Zielprämie beim „oberen Leistungspunkt"). Dabei läuft die Kurve kontinuierlich, das bedeutet, die Prämienkurve wird zwischen der Zielerreichung (Leistungsgrad von 100 %) und dem „oberen Leistungspunkt" interpoliert. Zumindest ist dies der übliche Kurvenverlauf bei der überwiegenden Mehrheit der Unternehmen, die mit Zielprämien vergüten.

Soll die variable Vergütungskurve für Leistungen unter 100 % genauso steil abfallen, wie sie für Leistungen über 100 % ansteigt? Dies ist prinzipiell möglich und wird häufig so festgelegt. Abb. 2.5 zeigt diesen Kurvenverlauf (fett gezeichnete Kurve). Alternativ besteht die Möglichkeit, die Vergütungskurve „nach unten" sanfter abfallen zu lassen, als sie „nach oben" ansteigt. Dies signalisiert dem Mitarbeiter, dass es dem Unternehmen nicht darum geht, ihn zu bedrohen, sondern ihn zu guten Leistungen zu motivieren. Die variable Vergütungskurve würde dann zwischen dem „unteren Leistungspunkt" und der Zielerreichung (der 100-Prozent-Leistung) sanfter verlaufen als zwischen 100 % Zielerreichung und dem „oberen Leistungspunkt".

Beispiel

Ein Zahlenbeispiel soll dies belegen (vgl. Abb. 2.7):

Das Ziel des Mitarbeiters lautet auf 600.000 € Deckungsbeitrag 2 p. a. Das Ziel wird zwischen 80 % Zielerreichung (= „unterer Leistungspunkt") und 120 % Zielerreichung (= „oberer Leistungspunkt") gespreizt. Als Zielprämie seien 15.000 € p. a. angesetzt.

Die Abb. 2.6 und 2.7 zeigen unterschiedliche Auslegungen der Prämien für Leistungsziele. Natürlich ist darauf zu achten, die verschiedenen Leistungskriterien und Ziele des Mitarbeiters nach ein und demselben Vergütungsverlauf zu vergüten.

Die variable Mitarbeitervergütung ergibt sich nun aus der Summe der Einzelziel-Erreichungen des Mitarbeiters. Boni und Mali werden gegengerechnet. Fällt der Mitarbeiter bei dem einen oder anderen Leistungskriterium unter den „unteren Leistungspunkt", erhält er hierfür keine variable Vergütung mehr. Würde seine Leistung den „oberen Leistungspunkt" übersteigen, bliebe seine Prämie gekappt.

Zusammenfassend kann Folgendes festgehalten werden:

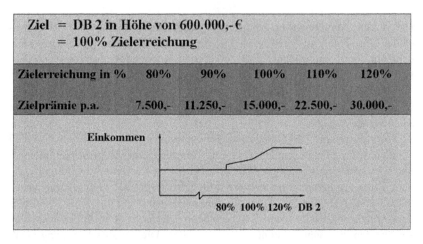

Abb. 2.7 Rechnerisches Beispiel für Zielprämien mit unterschiedlichem Chance-Risiko-Verhältnis

Zusammenfassung Zielprämien

- Der „spannende" Teil der Vergütung ist auf den eigentlichen Leistungs-korridor des Mitarbeiters konzentriert und ganz besonders auf den Teil der Zielüberschreitung. Hier erfährt der Mitarbeiter über seine Vergütung sehr nachhaltig, was er geleistet hat.
- Leistungen unter dem „unteren Leistungspunkt" werden nur noch mit dem Fixeinkommen vergütet, um den Mitarbeiter im Fall des „worst case" abzu-sichern. Eine schlechte Leistung soll ganz bewusst keine variable Vergü-tung mehr erhalten (anders als bei Provisionen).
- Leistungen oberhalb des „oberen Leistungspunkts" werden nicht mehr durch Zielprämien vergütet, da der „obere Leistungspunkt" gewissermaßen die Grenze des „Machbaren" darstellt.

2.4.3   Stretch-Goal-Vereinbarung

Unternehmen neigen dazu, Ziele anspruchsvoll zu formulieren. Dabei besteht die Gefahr, über das Maß der Dinge hinauszuschießen. Ziele dürfen sehr wohl anspruchsvoll sein, sie müssen aber erreichbar bleiben (vgl. hierzu Abschn. 2.1.3).

Eine Möglichkeit, anspruchsvolle Zielvereinbarungen zu treffen, ohne den Mitarbeiter zu demotivieren, bietet der Stretch-goal-Ansatz. Hier wird ein beson-ders anspruchsvolles Ziel mit dem Mitarbeiter vereinbart, gleichzeitig wird mit dem Ziel eine höhere variable Einkommenskomponente vereinbart. Führungskraft und Mitarbeiter einigen sich also nicht nur auf ein herausforderndes Ziel, sondern verbinden dieses Ziel mit einer entsprechend hohen Zielprämie.

Ein Beispiel soll dies verdeutlichen:

Beispiel

Der Mitarbeiter hätte im Normalfall das Ziel, im kommenden Jahr einen Deckungsbeitrag in Höhe von 500.000 € zu erwirtschaften. Diesem Ziel steht die übliche Zielprämie des Mitarbeiters in Höhe von 6000 € p. a. gegenüber. Die Zielprämie repräsentiert gewissermaßen das variable Normaleinkommen des Mitarbeiters, zumindest den Teil, der auf das Kriterium „Deckungsbeitrag" entfällt. Das Ziel 500.000 € Deckungsbeitrag p. a. entspricht dem Wachstum des Unternehmens, das für das nächste Jahr angepeilt wird.

Das Unternehmen einigt sich mit dem Mitarbeiter aber auf ein entsprechend höheres Ziel, das der Mitarbeiter ebenfalls erreichen kann, beispielsweise einen Deckungsbeitrag in Höhe von 550.000 € p. a. Gleichzeitig wird mit diesem Ziel eine höhere Prämie verbunden, zum Beispiel 9000 € oder sogar 12.000 €, um eine besondere Motivation für eine herausragende Leistung zu schaffen. Die zusätzlichen 50.000 € Deckungsbeitrag würden durch die Zusatzprämie in Höhe von 3000 € bzw. 6000 € geringfügig mehr belastet, wobei es sich dabei nur um eine vorübergehende Belastung handelt und nicht um eine dauerhafte (vgl. Abschn. 2.4.2).

Erreicht der Mitarbeiter das besonders anspruchsvolle Ziel von 550.000 € nicht, sondern nur 500.000 €, gerät ihm dies bzgl. seines Einkommens aber nicht zum Nachteil: Seiner „Normalleistung" entspricht das variable „Normaleinkommen" (in Höhe von 6000 €).

2.5   Baustein 5: Spürbare variable Einkommensanteile

Die Frage nach der „richtigen" Höhe des variablen Einkommensanteils wird sehr häufig gestellt und kann doch nicht so einfach beantwortet werden. Zunächst einmal gilt: Ein niedriger variabler Einkommensanteil, der bestenfalls „Sahnehäubchen-Charakter" besitzt, motiviert sicher nicht.

Unternehmen, die ihre Mitarbeiter im Innendienst erstmalig auf eine variable Vergütung umstellen wollen, gehen häufig davon aus, dass die neue variable Vergütung als Zusatzvergütung zur bestehenden Vergütung bezahlt werden soll, also gewissermaßen on top. Da man sich mit der neuen variablen Vergütung aber keine allzu hohen Zusatzkosten einhandeln möchte, wollen diese Unternehmen meist nicht mehr als 2 oder 3 % des Mitarbeitereinkommens zusätzlich vergüten. Mit diesem kleinen variablen Einkommensanteil will man dann die Mitarbeiter motivieren und steuern, was natürlich nicht funktionieren kann.

Variable Einkommensanteile müssen also *spürbar* sein, um Verhaltensveränderungen in Richtung auf Leistung und Zielerfüllung zu bewirken. Die bereits erwähnten „Sahnehäubchen" bewirken nichts und haben bestenfalls Symbol-Charakter.

▶   Bei Außendienstmitarbeitern gilt heute ein variabler Einkommensanteil von 30 % als üblich. Bei Innendienstmitarbeitern, die aktiv in den

Verkauf eingebunden sind, können 15 bis 20 % als normal gelten. Für reine Sachbearbeiter im Innendienst sind 10 bis 15 % an variablem Einkommensanteil mittlerweile nicht außergewöhnlich.

Unter dem „variablen Einkommensanteil" wird übrigens im Folgenden (und auch in entsprechenden Statistiken, die publiziert werden) das Verhältnis zwischen dem variablen Jahreseinkommen des Mitarbeiters und seinem *gesamten* Jahreseinkommen verstanden. Letzteres setzt sich aus sämtlichen fixen *und* variablen Einkommensanteilen zusammen. Bezieht der Mitarbeiter beispielsweise p. a. ein variables Einkommen in Höhe von 18.000 € und hat fixe Einkommensbestandteile von 42.000 €, beträgt sein variabler Einkommensanteil 30 % (Relation von 18.000 € zu 60.000 €).

In diesem Zusammenhang wird Folgendes deutlich:

Mitarbeiter, die erstmalig auf eine variable Vergütung umgestellt werden und dabei spürbare variable Einkommensanteile erhalten sollen, können die variable Vergütung in aller Regel nicht als zusätzliche Vergütung on top erhalten. Dies würde für das Unternehmen eine zu hohe Kostenbelastung bedeuten. Also kann nur der Weg beschritten werden, dass die Mitarbeiter auf einen Teil ihres Fixums verzichten, um diesen in gleicher Höhe in eine variable Vergütungskomponente umwandeln zu lassen.

Natürlich funktioniert dies nur, wenn die Mitarbeiter für eine längere Übergangszeit abgesichert werden (z. B. kann über das neue variable Vergütungssystem bei guter Leistung bereits mehr verdient werden, jedoch nicht weniger, als das alte Fixum bzw. das alte Vergütungssystem gebracht hätte).

Allerdings werden die Mitarbeiter nur dann auf einen Teil ihres alten Fixums verzichten, wenn das neue Vergütungssystem so attraktiv gestaltet wird, dass die Chancen, mehr zu verdienen, dauerhaft größer sind als die Risiken, weniger zu verdienen. Dies gelingt zum Beispiel, indem man die variable Vergütungskurve so gestaltet, dass sie „nach unten" (d. h. für Leistungen unter Zielerfüllung) langsamer abfällt als sie für Zielübererfüllungen ansteigt (vgl. hierzu Abschn. 2.4.2).

Nun kann der variable Einkommensanteil aber auch nicht beliebig „nach oben" ausgedehnt werden. Hier setzen Arbeitsgerichte durch ihre Rechtsprechung klare Grenzen (vgl. hierzu Abschn. 2.5.2).

Die weiter oben als „üblich" bezeichneten variablen Einkommensanteile von 30 % bei Außendienstmitarbeitern und 10 bis 20 % bei Innendienstmitarbeitern können aber nicht in jedem Fall als tauglich betrachtet werden. Dies hängt von verschiedenen Bestimmungsfaktoren ab, die im nächsten Abschnitt behandelt werden sollen.

2.5.1 Bestimmungsfaktoren für den variablen Einkommensanteil

Die bereits erwähnten variablen Einkommensanteile für Außendienstmitarbeiter und Innendienstmitarbeiter entsprechen zwar den üblichen Standards, können aber völlig unangemessen sein, wenn beispielsweise die Mitarbeiter nur einen geringen Einfluss auf die Ergebnisse haben, nach denen sie vergütet werden:

> **Beispiel**
>
> Ein Verkäufer, der im Geschäft mit Großprojekten tätig ist und im Jahr zwischen fünf und zehn Projekte verkauft, hat tendenziell dann einen niedrigeren variablen Einkommensanteil (z. B. 20 %), wenn das Zustandekommen der Aufträge von starken Unwägbarkeiten abhängt und der Einfluss des Mitarbeiters auf Umsätze und Deckungsbeiträge sehr eingeschränkt ist. Ein Verkäufer von Standardprodukten dagegen, die in großen Mengen abgesetzt werden, und bei dem es darum geht, sich gegenüber dem Wettbewerb durchzusetzen, hat tendenziell einen höheren variablen Einkommensanteil (z. B. 30 %).

Eine weitere Bestimmungsgröße für den variablen Einkommensanteil des Mitarbeiters ist natürlich auch die bisherige Vergütungsgewohnheit im Unternehmen:

> **Beispiel**
>
> Wurden die Außendienstmitarbeiter bzw. die Innendienstmitarbeiter bislang nur fix vergütet, ist unter Umständen davon abzuraten, gleich mit einem variablen Einkommensanteil in Höhe von 30 % beim Außendienst oder 15 bis 20 % beim Innendienst zu starten. Die Mitarbeiter würden dies mit hoher Wahrscheinlichkeit als bedrohlich empfinden und das neue Vergütungskonzept vermutlich ablehnen. In derartigen Fällen sollte mit niedrigeren variablen Einkommensanteilen gestartet werden, um die nötige Akzeptanz der Mitarbeiter sicherzustellen. Der zunächst nur relativ niedrige variable Einkommensanteil kann dann in den kommenden Jahren allmählich aufgestockt werden (z. B. indem die jährlichen Gehaltssteigerungen mehrheitlich in den variablen Einkommensanteil einfließen, und zwar so lange, bis der angestrebte Wert erreicht ist).

Natürlich hängt die Festlegung der Höhe des variablen Einkommensanteils auch von den angewandten Vergütungsinstrumenten ab:

Beispiel

Wird im Unternehmen mit klassischen, eher „langweiligen" Provisionssystemen vergütet, braucht es relativ hohe variable Einkommensanteile, damit die Mehrleistung des Mitarbeiters für ihn überhaupt spürbar wird. Allerdings sei in diesem Zusammenhang auf die Obergrenzen hingewiesen, die seitens der Arbeitsgerichte für variable Einkommensanteile gesetzt werden – vgl. hierzu den nächsten Abschnitt.

Wird dagegen ein eher spannendes Zielprämiensystem eingesetzt, bei dem die variable Vergütungskurve erst spät startet und sich auf den eigentlichen Leistungskorridor des Mitarbeiters beschränkt (vgl. hierzu Abschn. 2.4.1 und Abb. 2.5), ist man nicht mehr auf hohe variable Einkommensanteile angewiesen und kann in aller Regel die Mehrleistung des Mitarbeiters viel interessanter und lohnender vergüten als bei klassischen Vergütungsinstrumenten, die mit hohen variablen Einkommensanteilen arbeiten.

Der Bestimmungsfaktor für die Höhe des variablen Einkommensanteils schlechthin ist aber die Bereitschaft der Mitarbeiter, einen bestimmten variablen Einkommensanteil zu akzeptieren, der mit der Einführung eines neuen variablen Vergütungssystems festgesetzt werden soll. In aller Regel sehen die Voraussetzungen in den Arbeitsverträgen der Mitarbeiter so aus, dass ein bestehendes Vergütungsmodell beschrieben wird, welches zeitlich nicht begrenzt ist. In solchen Fällen kann die Änderung des Vergütungssystems bzw. des variablen Einkommensanteils nur im gegenseitigen Einvernehmen vollzogen werden (vgl. hierzu ausführlich Abschn. 4.2).

Umso mehr gilt es, akzeptable variable Einkommensanteile vorzuschlagen und das Vergütungssystem so attraktiv zu gestalten, dass es von den Mitarbeitern angenommen wird. Eine einseitige Kündigung des bestehenden Vergütungssystems oder eines variablen Einkommensanteils klappt schon aus arbeitsrechtlichen Gründen nicht und wäre darüber hinaus in Anbetracht der Sensibilität des Themas denkbar unklug.

Aus den bisherigen Ausführungen wird deutlich, dass es den idealen variablen Einkommensanteil, der für alle Mitarbeiter im Außen- und Innendienst aller Unternehmen gilt, nicht gibt. Dieser hängt von zahlreichen Aspekten ab, die im Einzelfall zu berücksichtigen sind. Wenn im Folgenden doch der Versuch unternommen wird, diesbezüglich Empfehlungen auszusprechen, so geschieht dies mit der Einschränkung, dass im Einzelfall Besonderheiten vorliegen mögen, die zu Abweichungen von diesen Vorschlägen führen können (Tab. 2.1).

legal constraint,

$\triangle$ C&B $\Rightarrow$ $\triangle$ labor contract ?

Tab. 2.1 Variable Einkommensanteile im Außen- und Innendienst

Mitarbeitergruppe	Variabler Einkommensanteil (%)
Verkäufer im Außendienst	20 bis 30
Außendienst-Service	10 bis 20
Gebietsverkaufsleiter	20 bis 30
Verkäufer im Innendienst	15 bis 25
Sachbearbeiter im Innendienst	10 bis 15
Teamleiter im Innendienst	15 bis 25
Leiter Innendienst	15 bis 30
Verkaufsleiter	20 bis 30

2.5.2 Variable Einkommensanteile und Arbeitsrecht

Variable Einkommensanteile dürfen also nicht zu niedrig sein, wenn sie Mitarbeiterverhalten in Richtung Ergebnisse beeinflussen sollen. Sie können aber auch nicht unbegrenzt hoch sein, weil dies für den Mitarbeiter ein zu hohes Einkommensrisiko darstellen würde. Dies sehen Arbeitsgerichte genauso und reglementieren die Gestaltungsmöglichkeiten für variable Einkommensanteile durch ihre Rechtsprechung:

▶ 25 %–30 % des Mitarbeitereinkommens gelten tendenziell als Obergrenze für den variablen Einkommensanteil. Dies wird vonseiten der Arbeitsgerichte durchweg gerade noch als angemessen angesehen. Höhere variable Einkommensanteile setzen nach Auffassung der Gerichte den Mitarbeiter einem unbilligen Einkommensrisiko aus.

Mitarbeiter brauchen Verlässlichkeit hinsichtlich ihres Einkommens. Sehr hohe variable Einkommensanteile würden diese Verlässlichkeit infrage stellen. Ein weiterer Aspekt spricht gegen allzu hohe variable Einkommensanteile:

▶ Hohe variable Einkommensanteile können bei fest angestellten Reisenden zu Ausgleichsansprüchen gemäß Handelsvertreterrecht führen (analog § 89 b HGB). Dem Handelsvertreter wird demnach bei dessen

Ausscheiden aus dem Unternehmen ein angemessener Ausgleich von bis zu einer Jahresprovision zugesprochen. Dieser Anspruch kann im Voraus nicht ausgeschlossen werden, er ist gewissermaßen Pflicht. Wenn ein fest angestellter Reisender über einen sehr hohen variablen Einkommensanteil verfügt (z. B. über 50 %), besteht die Gefahr, dass er beim Ausscheiden aus dem Unternehmen ebenfalls diesen Ausgleichsanspruch wahrnehmen kann und zugesprochen bekommt. Dies ist insbesondere dann der Fall, wenn der Reisende große Freiheiten bezüglich seiner Arbeitsgestaltung besitzt (z. B. welche Kunden und wie viele er am Tag besucht etc.) und sich damit in seiner Tätigkeit kaum mehr von einem Handelsvertreter unterscheidet.

Die hier geschilderten Beschränkungen in Bezug auf die Höhe des variablen Einkommensanteils führen seitens der Unternehmen oft zu der Befürchtung, dass sie zu einem „langweiligen" Vergütungssystem gezwungen würden, dem jede Motivationskraft fehlt. Wie die voranstehenden Kapitel deutlich gemacht haben (insbesondere Abschn. 2.4), ist dies aber keineswegs der Fall, wenn mit spannend gestalteten Zielprämienmodellen gearbeitet wird. Dort führt bereits ein relativ geringer variabler Einkommensanteil in aller Regel zu deutlicherem Mehr- oder Mindereinkommen als bei klassischen Provisionssystemen, die mit hohen variablen Einkommensanteilen arbeiten.

2.5.3 Das Konzept der Risikowahl

Seitens der Unternehmen wird bei Umstellungen auf neue variable Vergütungssysteme meist davon ausgegangen, dass pro Mitarbeiterbereich (z. B. Außendienst oder Innendienst) gleiche variable Einkommensanteile eingerichtet werden sollen. Alle Außendienstmitarbeiter sollen zum Beispiel einen variablen Einkommensanteil von 30 % erhalten, alle Innendienstmitarbeiter einen von 15 %. Dabei wird stets davon ausgegangen, dass die Risikobereitschaft aller Mitarbeiter (im selben Bereich) die gleiche ist. Dies muss aber keineswegs der Fall sein.

Sollen beispielsweise Innendienstmitarbeiter, die bisher ausschließlich fix vergütet wurden, erstmalig auf ein variables Vergütungssystem umgestellt werden, und sollen Teile des bisherigen Fixums in variable Vergütung umgewandelt werden, müsste man die Höhe des variablen Einkommensanteils immer an den ängstlichsten und zaghaftesten Mitarbeitern orientieren, wenn man einheitliche variable Anteile wünschen würde. Dies wäre gewissermaßen eine Einigung auf dem kleinsten gemeinsamen Nenner, obwohl vielleicht Mitarbeiter in der Gruppe sind, die auch einen höheren variablen Einkommensanteil akzeptieren würden und dies motivierender fänden.

Würde man einzelne Mitarbeiter dagegen mit einem gewissen Druck zur Akzeptanz eines höheren variablen Einkommensanteils überreden, als es ihrer Risikobereitschaft entspricht, würde sich das Vergütungssystem sicherlich negativ, weil demotivierend auswirken. In derartigen Fällen eignet sich die Anwendung der *Risikowahl:*

- Der Mitarbeiter erhält vom Unternehmen verschiedene Angebote bezüglich des Verhältnisses von fixen und variablen Einkommensanteilen. Diese Angebote entsprechen unterschiedlichen Risikostufen: von einem niedrigen variablen Einkommensanteil bis hin zu einem relativ hohen, der sich aus arbeitsrechtlicher Sicht aber noch im Rahmen des Zulässigen befindet.
- Der Mitarbeiter kann sich die Risikostufe auswählen, die seiner Risikoneigung entspricht. Das Vergütungssystem bleibt aus Sicht des Mitarbeiters motivierend, weil der variable Einkommensanteil für ihn weder zu hoch noch zu niedrig ist. Das Unternehmen gestaltet die Angebote allerdings so, dass der Mitarbeiter verlockt wird, sich einen möglichst hohen variablen Einkommensanteil auszuwählen. Mit dem Anstieg seines variablen Einkommensanteils steigt damit auch die Notwendigkeit, gute Ergebnisse abzuliefern.

Ein Beispiel soll das verdeutlichen:

Beispiel

Der hier betrachtete Mitarbeiter bezieht gegenwärtig ein fixes Jahreseinkommen in Höhe von 42.000 € und soll erstmalig auf eine variable Vergütung umgestellt werden. Es werden ihm drei Risikostufen angeboten, wobei die erste seinem aktuellen Gesamteinkommen entspricht (Tab. 2.2):

Tab. 2.2 Das Konzept der Risikowahl durch den Mitarbeiter

Risikostufe	Fixum p. a. (€)	Prämien (€)	Gesamteinkommen (€) bei 100 % ZE p. a.	Variabler Einkommensanteil in %
1	33.600	8.400	42.000	20
2	32.600	10.900	43.500	25
3	31.600	13.400	45.000	30

Wählt der Mitarbeiter z. B. Risikostufe 1, erhält er ein Fixum in Höhe von 33.600 € p. a. und Prämien von insgesamt 8.400 € p. a. bei 100 % Zielerfüllung. Damit stellt er sich auf ein Jahreseinkommen von 42.000 €, sofern er seine Ziele zu 100 % erfüllt. Der variable Einkommensanteil beträgt 20 %. Entscheidet sich der Mitarbeiter für Risikostufe 2, sinkt sein Fixum um 1000 € p. a., dafür steigen seine Prämienbeträge um 2500 € p. a. bei 100 % Zielerfüllung (das Unternehmen legt gewissermaßen 1500 € dazu). Damit stellt er sich auf ein Jahreseinkommen von 43.500 €, sofern er seine Ziele zu 100 % erfüllt. Der variable Einkommensanteil beträgt dann 25 %.

Bei Risikostufe 3 sinkt das Fixum nochmals um 1000 € p. a. (auf 31.600 €), die Prämien steigen dagegen nochmals um 2500 € p. a., womit sich der Mitarbeiter auf ein Jahreseinkommen von 45.000 € stellt, sofern er seine Ziele zu 100 % erreicht. Der variable Einkommensanteil würde dann bei 30 % liegen. Der Mitarbeiter hat gewissermaßen 1000 € von seinem Fixum „hergegeben", das Unternehmen hat 1500 € „dazugegeben".

Damit wird Folgendes bewirkt: Der Mitarbeiter wird angehalten, zugunsten der Prämienbeträge auf ein Fixum zu verzichten, womit er sich selbst die Chance auf ein höheres Einkommen eröffnet. Damit steigt allerdings auch die Notwendigkeit, die Ziele zu erfüllen. Werden diese nicht erfüllt, steigt das Risiko für eine deutliche Einkommenseinbuße. Von den Mitarbeitern wird es im Allgemeinen als sehr positiv empfunden, dass sie das Verhältnis zwischen fixen und variablen Einkommensanteilen selbst bestimmen können. Diese Möglichkeit kann das neue Vergütungssystem attraktiver machen und die Mitarbeiter in der Akzeptanz des Systems bestärken.

Das Konzept der Risikowahl hat den Vorteil, dass die Mitarbeiter ihren „Risikoanteil" in der Vergütung selbst bestimmen können. Damit behält das Vergütungssystem für alle Mitarbeiter seine motivierende Wirkung. Ebenfalls ist positiv zu werten, dass zögerliche Mitarbeiter, die sich spontan für einen niedrigeren variablen Einkommensanteil entscheiden würden, doch an ein etwas höheres und damit spannenderes variables Einkommen herangeführt werden können.

Das Konzept der Risikowahl gibt jedem Mitarbeiter die Freiheit, das Vergütungssystem in seiner Grundstruktur gewissermaßen auf seine Bedürfnisse zu trimmen. In Anbetracht der Tatsache, dass den Mitarbeitern ein neues Vergütungssystem aus arbeitsrechtlichen und psychologischen Gründen nicht aufgezwungen werden kann (vgl. hierzu Abschn. 4.2), kann dieses Konzept im Hinblick auf die Akzeptanz sicherlich hilfreich sein.

2.6   Baustein 6: Leistungsgerechte Vergütung

In der Praxis höre ich in nahezu jeder Beratungssituation, in der es um die Änderung eines bestehenden bzw. um die Einführung eines neuen variablen Vergütungssystems geht, vonseiten der Führungskräfte die Forderung, das neue Vergütungssystem solle „leistungsgerechter" vergüten als das alte.
Dabei werden im Wesentlichen drei Aspekte angesprochen:

- Die Einkommensfokussierung der Mitarbeiter soll sich weniger an tariflichen Überlegungen ausrichten, sondern stärker an der eigenen Leistung orientieren.
- Das variable Einkommen des Mitarbeiters soll nicht von Zufälligkeiten bestimmt sein (wie z. B. der Größe seines Kundenpotenzials), sondern an der echten Leistung des Mitarbeiters festmachen. Auch ungewollte „Einkommensexplosionen" (z. B. aufgrund eines überdurchschnittlichen Unternehmenswachstums) sollen möglichst vermieden werden.
- Der leistungsstarke Mitarbeiter soll spürbar mehr verdienen als der leistungsschwache. Die Einkommen der Mitarbeiter sollen sich nachhaltig differenzieren, und zwar auf Basis der erzielten Ergebnisse.

Auf die zwei letzten Aspekte wird im Folgenden näher eingegangen.

2.6.1   Keine Zufälligkeiten vergüten

Herkömmliche Vergütungssysteme sind meist so strukturiert, dass die Mitarbeiter eine Provision erhalten (z. B. auf den Umsatz oder Deckungsbeitrag ihres Verantwortungsbereichs). Meist werden die Mitarbeiter mit gleichen Provisionssätzen vergütet, obwohl hinter den Gebieten/Verantwortungsbereichen höchst unterschiedliche Kundenpotenziale stehen.
    Dies kann zu völlig ungerechten Einkommen führen:

Beispiel
Der Außendienstmitarbeiter mit einem kleinen Kundenpotenzial hat vielleicht eine gute Aufbauarbeit geleistet, hat einen hohen Marktanteil, ist engagiert unterwegs und talentiert, verdient aber nur wenig Provision, weil er gewissermaßen das „falsche Gebiet" übernommen hat. Seine Einkommenschancen sind nur gering.

Sein Kollege im potenzialstarken Gebiet ist dagegen vielleicht weniger engagiert, weniger talentiert und bringt eine schwächere Leistung, verdient aber aufgrund seiner Provision mehr, da diese auf alle Umsätze bzw. Deckungsbeiträge vergütet wird, die im Verantwortungsbereich des Mitarbeiters anfallen. Damit wird die Vergütungsstruktur im Unternehmen aber ungerecht.

Die Potenzialstärke des Verantwortungsbereichs, eine abweichende Kundenstruktur, konjunkturelle Ausschläge „nach oben" wie „nach unten", einzelne Großaufträge etc. führen also in klassischen Provisionssystemen teilweise zu deutlichen Einkommensunterschieden, die mit der eigentlichen Leistung des Mitarbeiters nichts zu tun haben.

Derartige leistungsungerechte (weil zufällige) Vergütungen führen bei den Mitarbeitern, die vom Vergütungssystem benachteiligt werden, zu Frust und Demotivation und bei den Mitarbeitern, die vom Vergütungssystem bevorzugt werden, zu Lethargie und Untätigkeit: Man kann sich im „gemachten Bett" ausruhen und die Früchte genießen, die man selbst gar nicht erwirtschaftet hat.

In meiner Beratungspraxis habe ich immer wieder erlebt, dass einzelne Spitzenverdiener im Außendienst auf große Unzufriedenheit seitens der Führungskräfte stießen, weil ihre Verkaufsgebiete zwar einen hohen Umsatz bzw. Deckungsbeitrag und damit ein hohes Einkommen für die jeweiligen Mitarbeiter brachten, aber bei weitem nicht ausgeschöpft waren. Die Mitarbeiter waren zufrieden, Marktpotenziale blieben allerdings unerschlossen.

In diesem Zusammenhang sei ein weiteres Thema angesprochen, auf das man häufiger stößt, wenn mit klassischen Provisionen vergütet wird: die unbeabsichtigten „Einkommensexplosionen", die vor allem im Außendienst anzutreffen sind. Um Missverständnissen vorzubeugen: Es soll hier keineswegs gegen eine gute Entlohnung der Vertriebsmitarbeiter argumentiert werden, wohl aber gegen eine, die das gesamte Einkommensgefüge im Unternehmen „durcheinander bringt".

Solche Fälle sind meist bei Unternehmen anzutreffen, die regelrechte Wachstumsexplosionen vollzogen und ihre Mitarbeiter gleichzeitig mit Provisionen vergütet haben. In solchen Fällen wurde darüber hinaus oft ein bewusst kleiner fixer Einkommensanteil gewählt, um die Mitarbeiter entsprechend zu „motivieren". Das Ergebnis ist dann nach einigen Jahren nicht selten ein Mitarbeitereinkommen, das auf dem doppelten oder dreifachen Einkommensniveau vergleichbarer Mitarbeiter in anderen Unternehmen liegt. Die Folge davon sind oft Unzufriedenheiten bei den Kolleginnen und Kollegen (z. B. im Innendienst), die nicht so viel Glück hatten. Es entsteht nicht selten ein Druck für Einkommenserhöhungen bei diesen Mitarbeitern, der dann eine unsägliche (weil unnötige) Kostenlawine in Gang setzt.

2.6.2 Einkommensdifferenzierung ohne Einkommensexplosionen

Wie sind nun die geschilderten Einkommensentwicklungen, die von Zufälligkeiten bestimmt sind, zu verhindern? Eine wirklich leistungsgerechte Vergütung braucht dafür die Definition von Zielen:

- Es sollen Ziele vergütet werden, die *individuell,* das heißt in Abhängigkeit von den Möglichkeiten im Verantwortungsbereich des Mitarbeiters, gesetzt bzw. vereinbart werden. Ein potenzialstarkes Verkaufsgebiet erhält entsprechend höhere Ziele als ein potenzialschwaches. Die verschiedenen Ziele der Mitarbeiter sind dann gerecht angelegt, wenn hinter jedem Ziel eine in etwa gleiche Performance der Mitarbeiter steht. Dies bedeutet beispielsweise auch, dass der neue Mitarbeiter ohne Verkaufserfahrung bescheidenere Ziele erhält als der erfahrene Mitarbeiter.
- Es sollen Ziele vergütet werden, die pro Mitarbeiter mehrere Aspekte berücksichtigen (z. B. Deckungsbeitrag, Umsätze, Aktivitäten und Maßnahmen, Forcierung entsprechender Produkte und Kunden, Kompetenzen usw.), sodass auf diesem Weg nicht nur besser (weil differenzierter) geführt und gesteuert werden kann, sondern die tatsächliche Leistung des Mitarbeiters ganzheitlicher und von Zufälligkeiten unabhängiger abgebildet wird.
- Es sollen Ziele vergütet werden, die die Entwicklung des Unternehmens widerspiegeln, und diese sollen jedes Jahr neu vereinbart werden. Das Ziel repräsentiert eine sportliche, aber fair angesetzte Leistung des Mitarbeiters. In wachsenden Unternehmen werden die Ziele im Laufe der Jahre ansteigen, in schrumpfenden Phasen oder schwierigen Konjunkturlagen können die Ziele durchaus auch hin und wieder unter den Vorjahresergebnissen liegen.

Faire Ziele führen so zu fairen Mitarbeitereinkommen. Es werden auf diesem Weg sowohl Einkommensexplosionen als auch Einkommensimplosionen vermieden. Das Kostengefüge im Unternehmen bleibt darüber hinaus im Griff.

Kombiniert man nun diese Zielprämien mit einem „spannenden" Verlauf der variablen Vergütungskurve (vgl. Abschn. 2.4.1), entstehen sehr wohl Einkommensdifferenzierungen für Gutleister und Schlechtleister innerhalb des Mitarbeiterkreises, aber solche, die *leistungsbedingt* sind und nicht zufallsbedingt.

In diesem Zusammenhang seien zwei weitere Aspekte leistungsgerechter Vergütung erwähnt:

Wichtige Aspekte leistungsgerechter Vergütung

- Gut gemachte Vergütungssysteme sind für die betroffenen Mitarbeiter nachvollziehbar und transparent. Dies bedeutet, dass sie einfach sein müssen. Komplizierte Vergütungssysteme schaffen Misstrauen und hinterlassen das Gefühl der Ohnmacht. Die Konzeption des neuen Vergütungssystems erfolgt nach dem KISS-Prinzip: Keep it stupid and simple.
- Die einzelnen Leistungskriterien, die vergütet werden, müssen von den Mitarbeitern beeinflussbar sein. Ansonsten entsteht wieder ein Gefühl der Ohnmacht, was zu Frustration und Demotivation führt.

Von Vorteil ist es natürlich, wenn das variable Vergütungssystem mehr Einkommenschancen bei Gutleistungen bietet als Einkommensrisiken bei einer Nichterreichung der Ziele (vgl. hierzu Abschn. 2.4.2 und 4.5). Dabei handelt es sich nicht unbedingt um einen Aspekt der Leistungsgerechtigkeit in der Vergütung, aber um einen wichtigen Faktor, wenn es um das Sich-Wohlfühlen der Mitarbeiter im Vergütungssystem geht und um dessen Akzeptanz. Durch solche Vergütungsansätze teilt man dem Mitarbeiter mit, dass man ihn mit dem neuen Vergütungssystem zu guten Leistungen „verlocken" möchte. Es geht weniger darum, ihn gegenüber Schlechtleistungen abzuschrecken.

Viele Unternehmen, die ein neues Vergütungssystem einführen, entscheiden sich für eine Vergütungskurve, die „nach oben" steiler verläuft als „nach unten". Hierin spiegelt sich die eigentliche Intention des Unternehmens wider: Man möchte das neue Vergütungssystem einführen, um zu guten Leistungen anzuregen, und nicht, um die Mitarbeiter zu bedrohen.

Am Ende dieses Kapitels sei die Frage gestellt, ob es überhaupt so etwas wie eine *gerechte Vergütung* gibt. Sicherlich gibt es keine *absolut* gerechte Vergütung. Das wäre nur dann der Fall, wenn sich für alle Mitarbeiter Ziele finden ließen, hinter denen *exakt* die gleiche Performance steckt. Das ist natürlich nicht möglich, aber sicher lassen sich Ziele finden, die in die Nähe einer gerechten Lösung kommen. Es lässt sich also immer nur eine *relative* Gerechtigkeit in der leistungsorientierten Vergütung einrichten. Zielprämiensysteme stehen allerdings für ein Höchstmaß an Gerechtigkeit, wenn sie fair angewandt werden. Dagegen sind alle herkömmlichen variablen Vergütungssysteme erheblich ungerechter, weil sie stark durch Zufallserscheinungen belastet sind, wie beispielsweise Gebiets- oder Kundenpotenziale des Mitarbeiters oder „zufällige" Großaufträge usw. (vgl. Abschn. 2.6.1).

2.7　Baustein 7: Teamorientierte Vergütung

Die meisten Unternehmen, die an ein neues Vergütungssystem herangehen bzw. ihr bisheriges Vergütungssystem nachhaltig verändern wollen, wünschen sich, mehr Teamdenken im Vertrieb zu verankern. Zielorientierte Vergütungssysteme sind zweifellos starke Instrumente, wenn es darum geht, dem Mitarbeiter-Engagement eine Richtung zu geben. Sie helfen nicht nur dabei, Leistung bzw. Ergebnisse abzurufen, sondern sie geben Orientierung auch hinsichtlich des Verhaltens – sofern diese Vergütungssysteme richtig strukturiert sind. Von ganz besonderem Interesse ist es dabei, Mitarbeiter-Verhalten in Richtung Team-Handeln zu bewegen.

2.7.1　Zwei Ansätze zur teamorientierten Vergütung

Die zwei folgenden Ansätze bieten die Chance, teamorientiertes Verhalten durch ein gut gemachtes Vergütungssystem zu stärken:

- Es ist geradezu das typische Kennzeichen moderner variabler Vergütungssysteme, dass sie nicht nur den Außendienst einbeziehen, sondern den gesamten Vertriebsbereich. Es liegen eventuell gar keine organisatorischen Teams vor, sondern Innendienst, Callcenter, Service, Produktmanagement, technischer Außendienst etc. sind in getrennten Abteilungen organisiert. In klug geschneiderten Vergütungssystemen wird eine *ganzheitliche* Vergütungslösung praktiziert, die in jedem Mitarbeiterbereich berücksichtigt, zwar diejenigen Leistungskriterien zu vergüten, die im jeweiligen Bereich wichtig und beeinflussbar sind, aber gleichzeitig solche Vergütungskriterien enthält, die sich *wechselseitig unterstützen* (und sich nicht kannibalisieren). Das bedeutet, dass die Mitarbeiter verschiedener Vertriebsbereiche in ein Netz von Leistungskriterien und Zielen eingebunden werden, die reißverschlussartig ineinander greifen und sich wechselseitig verstärken.
- Wo hingegen organisatorische Teams anzutreffen sind, ist es natürlich geradezu Pflicht, die Mitarbeiter in eine *gemeinsame* Vergütung einzubinden. Beispielsweise können einzelnen Außendienstmitarbeitern bestimmte Innendienstmitarbeiter zugeordnet oder Außendienstmitarbeitern technische Berater oder Produktspezialisten zur Seite gestellt werden. Dort muss natürlich nach gemeinsamen Vergütungskriterien bzw. Zielen Ausschau gehalten werden, die allen Teammitgliedern gleichermaßen vergütet werden. Dennoch müssen nicht

sämtliche Kriterien, mit denen beide Teammitglieder vergütet werden, identisch sein: Die Aufgaben und Verantwortlichkeiten der Mitarbeiter des Teams unterscheiden sich höchstwahrscheinlich in verschiedenen Punkten. Ergänzend zu den gemeinsamen Leistungskriterien bzw. Zielen können dann weitere, zusätzliche Ziele beim einzelnen Teammitglied hinzukommen, um nicht nur die Teamleistung im Vergütungsmodell abzubilden, sondern auch die Individualleistung. Abb. 2.8 macht dies deutlich.

Beide Ansätze in der Strukturierung variabler Vergütungssysteme verhelfen zu mehr Teamdenken: Der Erfolg des einen Mitarbeiters hängt von den Ergebnissen ab, die der andere Mitarbeiter abliefert. Gut gemachte Vergütungssysteme sind also vernetzt, die Ziele unterstützen sich wechselseitig. In schlecht gemachten Vergütungssystemen wird jeder Mitarbeiter-Bereich ausschließlich für sich betrachtet, und die variable Vergütung jeweils nur für den einzelnen Bereich geschneidert. Dies kann durchaus zu einer wechselseitigen Behinderung führen, Potenziale gehen verloren.

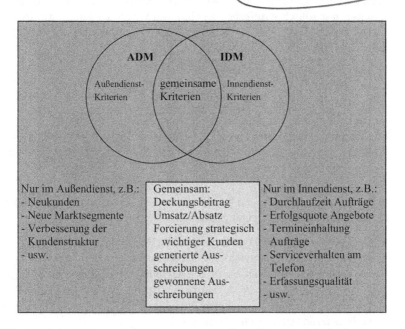

Abb. 2.8 Beispiel für gemeinsame und unterschiedliche Vergütungskriterien im Team

Ein Beispiel soll auf zeigen, wie ein guter Kompromiss gefunden werden kann in einem teamorientierten Vergütungsansatz, der gleichzeitig berücksichtigt, dass jeder Mitarbeiter-Bereich eigene Vergütungskriterien und Ziele erhält, da sich die Tätigkeiten durchaus voneinander unterscheiden:

Beispiel

In einem Unternehmen, das technische Produkte vertreibt, waren den Außendienstmitarbeitern bestimmte Anwendungstechniker zugeordnet. Es handelte sich um Produktspezialisten für komplexere Produkte und Produktanwendungen. Diese Anwendungstechniker hatten aber nicht nur die Aufgabe, die Außendienstmitarbeiter zu betreuen, sondern ihre Hauptaufgabe lag eher im Bereich eines eigenständigen Produktmanagements. Ebenso war jeweils ein Innendienstmitarbeiter mehreren Außendienstmitarbeitern zugeordnet, wobei auch hier wiederum der Innendienstmitarbeiter nicht nur die Außendienst-Betreuung als Aufgabe hatte. Dem Innendienst oblag die gesamte Auftragsklärung und -abwicklung.

Es lag also kein Mitarbeiter-Team im engeren Sinne vor, dennoch galt es, Vergütungslösungen zu finden, die einerseits das Teamdenken förderten und andererseits den spezifischen Aufgaben der einzelnen Mitarbeiter gerecht wurden.

Die *Außendienstmitarbeiter* wurden zunächst nach folgenden Leistungskriterien vergütet:

- Deckungsbeitrag ihres Gebiets
- Umsatz ihres Gebiets
- Deckungsbeitrag mit strategisch wichtigen Produkten
- Deckungsbeitrag mit Neukunden und strategisch wichtigen Kunden
- Maßnahmen und Aktivitäten zur Bindung von Kunden ans Unternehmen
- Kompetenzen („weiche" Kriterien im Rahmen einer persönlichen Leistungsbeurteilung)

Die *Anwendungstechniker,* die jeweils mehrere Außendienstmitarbeiter betreuten, erhielten folgende Vergütungskriterien:

- Deckungsbeitrag ihres Produktbereichs, für den sie zuständig waren
- Umsatz ihres Produktbereichs, für den sie zuständig waren
- Aktivitäten und Maßnahmen (z. B. Durchführung von Kundenschulungen oder Durchführung von Produkt-Anwendungstests für Kunden)
- Forcierung strategisch wichtiger Produkte ihres Verantwortungsbereichs (z. B. neue und strategische Produkte)

- Kompetenzen („weiche" Kriterien im Rahmen einer persönlichen Leistungsbeurteilung)

Die *Innendienstmitarbeiter*, die ihrerseits jeweils für zwei bis drei Außendienstmitarbeiter zuständig waren, wurden nach folgenden Leistungskriterien vergütet:

- Deckungsbeitrag der betreuten Außendienstmitarbeiter
- Umsatz der betreuten Außendienstmitarbeiter
- Deckungsbeitrag Innendienst gesamt (zur Förderung der Bereitschaft, sich wechselseitig im Innendienst zu unterstützen, Urlaubs- und Krankheitsvertretungen durchzuführen etc.)
- Erfolgsquote Angebote (es war primär Aufgabe der Innendienstmitarbeiter, Angeboten bei den Kunden nachzufassen, die in den Vertriebsgebieten der zwei bis drei Außendienstmitarbeiter ansässig waren, für die die Innendienstmitarbeiter zuständig waren)
- Deckungsbeitrag mit Verkaufsaktionen (per Telefon wurden Produktaktionen gefahren)
- Kompetenzen („weiche" Kriterien im Rahmen einer persönlichen Leistungsbeurteilung)

Die Vernetzung der Vergütungssysteme der einzelnen Mitarbeiter wird deutlich. Diese war sowohl bei den zählbaren/messbaren Vergütungskriterien gegeben als auch bei den „weichen" Vergütungskriterien, die nicht nur an Aspekten wie Produkt-Know-how und Marktkenntnisse festmachten, sondern auch an teamorientierten Kriterien wie beispielsweise der Pflege des CRM-Systems, der Weitergabe von Informationen, des Kommunikationsstils etc.

2.7.2 Typische Vergütungskriterien für Innendienstmitarbeiter

Weiter oben wurde bereits darauf hingewiesen, dass heute bereits über 60 % der deutschen Mitarbeiter im Vertriebsinnendienst variabel vergütet werden. Die Höhe des variablen Einkommensanteils hängt stark von der jeweiligen Funktion der Innendienstmitarbeiter ab und sollte zwischen 10 % für reine Sachbearbeiter und 15 bis 25 % für Verkäufer im Innendienst sowie Callcenter-Mitarbeiter mit Outbound-Verantwortung liegen (vgl. hierzu Abschn. 2.5.1). Produktmanagement, Marketing, Service etc. werden meist ebenfalls in die variable Vergütung eingebunden, und zwar mit vergleichbaren variablen Einkommensanteilen. Die Vergütungskriterien der verschiedenen Mitarbeiterbereiche ergänzen sich dabei wechselseitig. Wie sich die variablen Einkommensanteile je nach Funktion der Mitarbeiter im Innendienst unterscheiden (z. B. Verkäufer oder Sachbearbeiter im Innendienst), so gibt es auch bezüglich der vergüteten Leistungskriterien und Ziele nicht die eine und für alle Unternehmen gültige Lösung. Auch die Vergütungskriterien richten sich natürlich nach den jeweiligen Aufgaben und Verantwortlichkeiten der Mitarbeiter. Hier können nur einige wenige Beispiele für Vergütungskriterien aufgezeigt werden:

Beispiel

- Deckungsbeitrag und Umsatz in Verantwortung bzw. in Co-Verantwortung
- Forcierung bestimmter strategisch wichtiger Kunden bzw. Produkte
- Durchlaufzeit der Aufträge in der Auftragsbearbeitung bzw. Einhaltung von Kundenterminen
- Erfolgsquote Angebote bzw. Umwandlungsquote von Angeboten in Aufträge
- Deckungsbeitrag bzw. Umsatz mit telefonisch durchgeführten Verkaufsaktionen
- Serviceverhalten (z. B. Wartezeit der Kunden am Telefon)
- Qualität der administrativen Tätigkeiten (z. B. Vermeidung von Reklamationskosten durch korrekte Auftragserfassung)
- Umwandlungsquote telefonischer Anfragen zu Aufträgen
- Durchschnittliche Gesprächsdauer (z. B. im Callcenter)
- Verhältnis von durchgeführten Telefonaten zu erhaltenen Aufträgen
- Anzahl und Qualität durchgeführter Kundenbefragungen
- Kompetenzen („weiche" Kriterien im Rahmen einer persönlichen Leistungsbeurteilung)
- usw.

2.7.3 Typische Vergütungskriterien für Vertriebsführungskräfte

Etwa 90 % der deutschen Vertriebsführungskräfte (auf allen Führungsebenen) sind derzeitig bereits in eine variable Vergütung eingebunden, wobei der durchschnittliche variable Einkommensanteil zwischen 20 und 30 % vom

Gesamteinkommen liegt. Meist überwiegen noch sehr konservative Vergütungsmodelle wie Umsatzprovisionen oder eine Beteiligung am Unternehmensumsatz
bzw. am Unternehmensertrag.

Moderne Vergütungssysteme beziehen die Vertriebsführungskräfte ebenfalls
in eine Zielprämienvergütung ein, wobei ein Teil der Ziele bewusst identisch
gehalten wird mit den Zielen der Mitarbeiter, die an die Führungskräfte berichten.
Ein weiterer Teil der Ziele ist davon abweichend und beinhaltet Führungs- und
Gestaltungsaspekte, die langfristiger/strategischer Natur sind.

Im Wesentlichen lassen sich vier typische Arten von Vergütungskriterien von
Vertriebsführungskräften unterscheiden (vgl. Abb. 2.9).

Diese Vergütungskriterien/Ziele seien im Folgenden erläutert:

- *Operative Ziele:* Diese betreffen die zukünftigen Ergebnisse des laufenden
  Geschäfts und machen beispielsweise an folgenden Kriterien fest:
  - Deckungsbeitrag des Verantwortungsbereichs
  - Umsatz des Verantwortungsbereichs
  - Forcierung wichtiger Produkte und Kunden
  - Deckungsbeitrag/Umsatz mit eigenen Key-Accounts
  - Reduktion von Kosten bzw. Einhaltung eines Kostenbudgets (z. B. Vertrieb
    und Marketing)

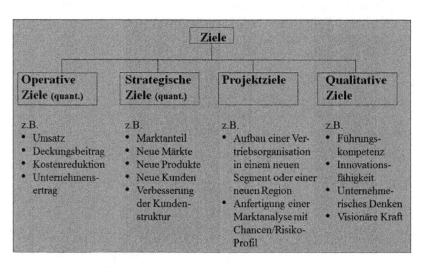

Abb. 2.9   Ziele für Vertriebsführungskräfte

Beispiel bei Ziel von Führungskräfte

km S.63

- Unternehmensertrag (Einbindung der Führungskräfte in ein übergreifendes Ziel)
- usw.

- *Strategische Ziele:* Dabei handelt es sich ebenfalls um zählbare Ziele, die zwar in kurzfristigen Ergebnissen gemessen werden, die aber langfristige Bedeutung besitzen, wie z. B.
  - Entwicklung neuer Märkte (gemessen in Umsatz bzw. Deckungsbeitrag)
  - Ausbau strategisch wichtiger Kunden und Marktsegmente
  - Marktanteil
  - Erfolg mit neuen Produkten
  - Verbesserung der Kundenstruktur
  - Verbesserung der Produktstruktur
  - usw.

- *Projektziele:* Eine hohe Bedeutung nehmen in der Vergütung von Vertriebsführungskräften Projektziele ein. Dabei handelt es sich um Maßnahmenbündel, die Einmal-Charakter besitzen und bis zu einem bestimmten Termin abgeschlossen sein müssen. Beispiele für solche Projektziele sind:
  - Aufbau einer Vertriebsorganisation in einem neuen Marktsegment oder in einem Exportmarkt
  - Durchführung einer bestimmten Marktanalyse mit Chance-Risiko-Profil
  - Einführung eines neuen CRM-Systems/eines neuen Vergütungssystems etc.
  - Veränderung der Abteilungsstruktur mit dem Ziel einer Kostensenkung in Höhe von X Prozent
  - Umsetzung einer neuen Abteilungsstruktur (z. B. personeller Auf- oder Abbau der Vertriebsabteilung)
  - usw.

- *Kompetenz-Ziele:* Hier handelt es sich um „weiche" Kriterien, die vor allem Führungs-Know-how und Führungsverhalten betreffen und häufig in die variable Vergütung eingebracht werden, um auch die Vertriebsführungskräfte in ihren Kompetenzen weiterzuentwickeln. Solche „weichen" Leistungskriterien müssen vom Vorgesetzten der Vertriebsführungskraft beurteilt werden. Natürlich kann sich der Mitarbeiter auch selbst beurteilen (vgl. hierzu Abschn. 2.2.2). Beispielsweise handelt es sich dabei um Aspekte wie:
  - Personalentwicklungs-Kompetenz
  - Verhandlungssicherheit
  - Entwicklung eigenständiger Taktiken zur Umsetzung der Strategien des Unternehmens

- Optimierung von Strukturen und Abläufen im eigenen Verantwortungsbereich
- Sachlicher und freundlicher Umgang mit Mitarbeitern, Kollegen und Führungskräften
- Kommunikation von anspruchsvollen Zielen und Unterstützung der Mitarbeiter bei deren Zielerreichung
- Lebt und kommuniziert Unternehmensstrategie gegenüber Mitarbeitern und Kunden
- Erhält Akzeptanz
- Trifft eigenständige Entscheidungen und verantwortet diese
- Kann sich auf andere einstellen
- Ist offen für Vorschläge anderer

Bei diesen „weichen" Kriterien kommt es sehr darauf an, solche auszuwählen, die (fast) nicht mehr interpretierbar sind, um eine Beurteilung nach „Nasenfaktor" zu vermeiden. Also heißt das Beurteilungskriterium nicht einfach „Führungskompetenz", sondern dieser Aspekt besteht aus konkreten Kriterien, die aussagen, was mit „Führungskompetenz" gemeint ist.

In jüngster Zeit gewinnt der Aspekt an Bedeutung, in das Vergütungssystem Elemente einzubauen, die die *Führungskraft an das Unternehmen binden*. Dies kann zum Beispiel dadurch bewerkstelligt werden, dass bestimmte Vergütungskriterien erst mit Zeitverzögerung ausbezahlt werden:

Beispiel

Der Mitarbeiter erhält als variables Zusatzeinkommen eine Beteiligung am Unternehmensertrag. Dieses Einkommen wird aber nicht sofort bzw. am Jahresende ausgezahlt, sondern in mehrjährigen Tranchen. Diese verfallen, wenn der Mitarbeiter das Unternehmen verlässt. Derartige Teilzahlungen können eventuell sogar bis zur Erreichung der Altersgrenze gestreckt werden. Die Auszahlungen können dabei so gestaffelt werden, dass der thesaurierte Betrag im Laufe der Jahre zunimmt, sodass der Mitarbeiter mit zunehmender Zeit stärker ans Unternehmen gebunden wird.

Die Einbeziehung möglichst aller Mitarbeiter in die variable Vergütung ist – wie bereits betont – ein großes Anliegen moderner Vergütungssysteme. Ganzheitliche Vergütung muss sich dabei aber nicht auf die Vertriebsmitarbeiter beschränken, sondern bezieht alle übrigen Bereiche mit ein: Einkauf, Warenwirtschaft, Produktion, Entwicklung, Konstruktion, Verwaltung, Technik usw. Die Einführung derart komplexer Vergütungssysteme vollzieht sich dabei meist in mehreren Etappen.

Anliegen ist es dabei, alle Unternehmensbereiche in ein Führungs-, Steuerungs- und Vergütungssystem einzubinden, wobei sich die Ziele der einzelnen Mitarbeiter und Bereiche wechselseitig stützen.

> **Beispiel**
> Produktionsmitarbeiter werden klassisch einseitig nach Ausbringungsaspekten vergütet. Ganzheitliche Vergütungsansätze binden auch diese Mitarbeiter in mehrere Ziele ein, die zum Beispiel helfen, Vertriebsinteressen zu unterstützen. Dabei handelt es sich um Leistungskriterien wie Qualität, Termintreue, Senkung von Reklamationskosten usw.

2.8   Baustein 8: Flexibilität im Vergütungsmodell

In traditionellen Vergütungssystemen wurde eine Vergütungsmethode (z. B. Provision) mit dem Mitarbeiter vereinbart und vertraglich festgeschrieben, so als würden sich in Zukunft die Marktgegebenheiten nicht ändern bzw. die Interessen und Absichten des Unternehmens immer konstant sein. Es wurde vertraglich nicht berücksichtigt, dass Verkaufsgebiete möglicherweise restrukturiert (verkleinert/vergrößert) werden müssen, dass im Vertrieb neue bzw. veränderte Produkt- und Kundenschwerpunkte gesetzt werden müssen, dass aus strategischen Gründen eventuell neue Märkte erobert werden müssen, dass sich ganz generell die Aufgabenstellungen verschoben haben, beispielsweise aufgrund neuer Marktentwicklungen. Traten diese Änderungen ein bzw. ergaben sich neue Anforderungen, bot das vertraglich vereinbarte Vergütungssystem keine oder kaum Reaktionsmöglichkeiten.

Meist wurde auf solche Veränderungen reagiert, indem Zusatzvergütungen eingerichtet wurden (z. B. Sonderprovisionen für Neukunden, für Aktionen oder Produktforcierungen etc.), denn keine der Parteien wollte bestehende Verträge ändern. Hätte man den bestehenden Provisionssatz verkleinert, um Platz zu schaffen für die Vergütung anderer Leistungskriterien, hätte der Mitarbeiter dieses wahrscheinlich nicht hingenommen. Also entschied man sich klassisch eher für den bequemen Weg von Zusatzvergütungen, die entsprechende Kostensteigerungen für das Unternehmen mit sich brachten.

Es ist ein typisches Kennzeichen moderner variabler Vergütungssysteme, dass sie flexibel gestaltet werden. Dies betrifft zwei Aspekte: Zum einen die Frage, wie von Jahr zu Jahr neue Inhalte vergütet werden können, ohne Verträge und Betriebsvereinbarungen ändern zu müssen. Zum andern betrifft dies die Frage, ob und wie unterjährig Ziele angepasst werden sollen bzw. können.

2.8.1   Die jährliche Anpassung des Vergütungssystems

Wenn variable Vergütung eng mit dem Gedanken der Führung und Steuerung von Mitarbeitern verbunden ist (vgl. hierzu Abschn. 2.1), erscheint es undenkbar, bei der Einführung eines neuen Vergütungssystems davon auszugehen, dass das Vergütungsmodell in exakt dieser Form und diesem Inhalt für die nächsten fünf zehn oder zwanzig Jahre hält.

In Anbetracht unserer äußerst schnelllebigen Zeit werden sich Veränderungen der Märkte bzw. neue Absichten und Interessen des Unternehmens bereits relativ kurz nach Einführung des neuen Vergütungssystems einstellen. Wollte man dann jeweils neue Verträge und Betriebsvereinbarungen abschließen, würde sich das Vergütungssystem zu einer „Dauerbaustelle" entwickeln. Dafür ist das Thema aber viel zu sensibel.

Gerade deshalb sollte davon ausgegangen werden, nachhaltige strukturelle Veränderungen am variablen Vergütungssystem nur alle fünf zehn bis zwanzig Jahre durchzuführen. Natürlich muss dennoch auf die oben beschriebenen Marktveränderungen bzw. neuen Ziele des Unternehmens reagiert werden. Wie ist das zu bewerkstelligen?

▶   Das neue Vergütungssystem muss über Mitarbeiterverträge bzw. eine Betriebsvereinbarung festgeschrieben werden. Dabei sollte einerseits unterschieden werden zwischen der *Struktur* des Vergütungssystems, die *dauerhaft* besteht bleibt und über die Laufzeit der Verträge als unabänderlich gilt. Andererseits sollte vertraglich deutlich gemacht werden, dass die *Inhalte* des variablen Vergütungsmodells *vom Unternehmen jährlich neu festgelegt* werden können, da diese sich an den Marktgegebenheiten zu orientieren haben.

Zur *unveränderlichen* Struktur des variablen Vergütungssystems zählt beispielsweise die Vergütung mit mehreren Leistungskriterien, das Instrument der Zielprämie, der Verlauf der variablen Vergütungskurve, die durch einen „unteren Leistungspunkt" bzw. durch einen „oberen Leistungspunkt" begrenzt wird, die Art der unterjährigen Auszahlung der Zielprämien usw. Hierzu zählen auch Abgeltungsregelungen für den Fall, dass der Mitarbeiter unterjährig aus dem Unternehmen ausscheidet, er aber mit Jahreszielen vergütet wird. Ebenso gehört zu den strukturellen (und damit dauerhaften) Aspekten die Frage, wie Zielkonflikte zu lösen sind, die bei der Zielvereinbarung auftreten können (Führungskraft und Mitarbeiter können sich zum Beispiel auf eines von mehreren Zielen nicht einigen; vgl. hierzu auch Abschn. 2.9.2).

Zu den Inhalten des variablen Vergütungsmodells, die *jährlich angepasst* werden können und als solche vertraglich gekennzeichnet werden müssen, zählt zunächst die *Höhe der Ziele:* In der Regel werden die Ziele für die verschiedenen Vergütungskriterien einmal jährlich vereinbart und gelten dann für zwölf Monate. Einige wenige Unternehmen arbeiten mit Quartals- oder Halbjahreszielen. Dies macht vor allem dann Sinn, wenn sich das Unternehmen extrem volatilen Märkten gegenüber sieht, die nur schwer zu planen sind. Will man aber gerecht vergüten, sollten die Ziele Realitätsgehalt besitzen. Auch ist denkbar, dass bestimmte Ziele am Jahresanfang noch gar nicht feststehen und erst unterjährig vereinbart werden (z. B. Verkaufsaktionen oder Projektziele). Auf all diese Aspekte sollte vertraglich hingewiesen werden.

Ebenfalls zählt zu den veränderlichen Punkten des variablen Vergütungsmodells, dass seitens des Unternehmens jährlich neu festgelegt werden kann, *welche Leistungskriterien* vergütet werden sollen. Die Produkte, die im Verkauf „gepusht" werden sollen, werden im Lauf der Jahre ausgetauscht. Ebenso ist denkbar, über die Zeit hinweg Kundenziele zu verändern (Benennung neuer strategischer Kunden, Neukunden, Ausbau von Altkunden mit nicht ausgeschöpften Umsatzpotenzialen etc.). Im einen Jahr sollen Projekte vergütet werden, im nächsten Jahr liegt möglicherweise kein Projekt an. Oder es sind zeitbedingt Kundenmaßnahmen durchzuführen, die in Zukunft entfallen oder durch andere ersetzt werden.

Natürlich muss in Abhängigkeit von den jeweiligen Leistungskriterien/Zielen, die vergütet werden sollen, auch immer wieder aufs Neue entschieden werden, mit welchem *Gewicht* diese Ziele in die variable Vergütung eingehen sollen. Darüber hinaus steht mit jedem neu zu vergütenden Leistungskriterium/Ziel die Frage an, wie breit bzw. schmal der *Leistungskorridor* definiert werden muss, in dem die variable Vergütungskurve verläuft (Festlegung des „unteren Leistungspunkts" bzw. des „oberen Leistungspunkts"; vgl. hierzu Abschn. 2.4.2).

Durch die Kombinationen einerseits von (unveränderbaren) formalen bzw. strukturellen Aspekten und andererseits (veränderbaren) inhaltlichen Aspekten des neuen Vergütungssystems ergibt sich eine maximale Flexibilität, die dafür sorgt, dass das neue Vergütungssystem viele Jahre einsatzfähig bzw. aktuell bleibt und Verträge bzw. Betriebsvereinbarungen beibehalten werden.

Dabei stellt sich allerdings auch die Frage, ob Ziele, die am Jahresanfang vereinbart wurden, unterjährig verändert werden dürfen.

2.8.2   Die unterjährige Anpassung von Zielen

Ziele, die am Jahresanfang von Mitarbeitern und Führungskräften als realistisch angesehen wurden, erscheinen nach ein paar Monaten unter Umständen utopisch, weil sich die Konjunkturlage plötzlich eingetrübt hat. Oder sie erscheinen als zu niedrig, weil sich die Wirtschaftsentwicklung erheblich positiver darstellt. Noch ein anderer Fall: Der Mitarbeiter erkrankt, fällt für längere Zeit aus und kann seine Ziele nicht mehr erreichen. Um ein weiteres Beispiel zu bemühen: Der größte Kunde des Mitarbeiters, mit dem er 20 % seines Umsatzes realisiert, meldet Insolvenz an. Oder: Die Rohstoffpreise explodieren/implodieren, sodass die vereinbarten Ziele obsolet werden. Dürfen die am Jahresanfang vereinbarten Ziele dann angepasst werden? Oder müssen sie sogar angepasst werden? Und eine weitere Frage: Werden Ziele nur „nach unten" angepasst oder kann man sie auch „nach oben" anpassen?

Um die letzte Frage zuerst zu beantworten: Unterjährige Zielanpassungen geschehen (wenn überhaupt) eher zum Schutz des Mitarbeiters und aus dem Gedanken heraus, die Motivationswirkung des Vergütungssystems zu erhalten. Tritt tatsächlich der Fall ein, dass der Großkunde, mit dem der Mitarbeiter 20 % seines Umsatzes oder Deckungsbeitrags abwickelt, zwei Monate nach Festlegung der Ziele Insolvenz anmeldet, und liegt der „untere Leistungspunkt", bei dem die Vergütungskurve startet, bei 90 % des festgelegten Ziels, wird der Mitarbeiter sein Ziel als utopisch betrachten. Er kann den Verlust vielleicht ausgleichen, aber voraussichtlich erst im Lauf der nächsten Jahre. Utopische Ziele motivieren allerdings nicht. Hier erscheint es also durchaus überlegenswert, das Deckungsbeitrags- bzw. Umsatzziel unterjährig anzupassen, um fair zu vergüten und die Motivationskraft des Vergütungssystems aufrechtzuerhalten.

Diese Betrachtung folgt gewissermaßen dem Motto, Vergütungssysteme stets so zu gestalten, dass sie das Motivationspotenzial des Mitarbeiters wecken und nicht demotivieren.

Die Kehrseite der Medaille stellt sich allerdings wie folgt dar: Passt man das Mitarbeiter-Ziel „nach unten" an, behält das Vergütungssystem zwar seine Motivationskraft und der Mitarbeiter kann seine volle Zielprämie noch verdienen bzw. bei entsprechender Mehrleistung sogar übertreffen, die Kostenentlastung für das Unternehmen ist allerdings verloren.

Beispiel

Nach einer nachhaltigen Finanzkrise mit desaströser Auswirkung auf die Konjunkturlage berichteten mir mehrere Unternehmen, dass sie die Umsatz- bzw.

Deckungsbeitragsziele nicht angepasst hätten und dadurch eine so entscheidende Personalkosten-Entlastung erfahren hätten, dass sie in den variabel vergüteten Mitarbeiterbereichen keine Personalfreisetzungen durchführen mussten. Der Wettbewerb, der über solche variablen Vergütungssysteme offenbar nicht verfügte, musste Personal freisetzen mit der negativen Wirkung, dass beim plötzlichen und unerwarteten Wiederanspringen der Konjunktur gerade dieses Personal fehlte.

Als einer von mehreren Gründen, variable Vergütungssysteme für zahlreiche Mitarbeiter einzuführen, wird von Unternehmen oftmals angeführt, dass man eine höhere Kostenflexibilität erreichen möchte. Ein sofortiges Anpassen der Mitarbeiterziele würde genau das aber wieder zunichtemachen.

Nun gibt es mehrere Möglichkeiten, Ziel-Anpassungsdruck aus dem Vergütungssystem herauszunehmen:

- Die Vergütung mit Deckungsbeiträgen rüstet das Vergütungssystem beispielsweise gegen Rohstoffpreis-Schwankungen (allerdings nicht gegen konjunkturelle Schwankungen). Wenn Rohstoffpreise „explodieren", müssen solche Preissteigerungen meist in den Verkaufspreisen an die Kunden weitergegeben werden. In diesen Fällen steigt der Umsatz, der Deckungsbeitrag bleibt aber mehr oder weniger stabil. Eine Umsatzprovision würde das variable Einkommen der Mitarbeiter unberechtigter Weise „explodieren" lassen. Auch Preis-„Implosionen" werden durch Deckungsbeiträge besser aufgefangen als durch Provisionen.
- In Abschn. 2.2.1 wurde dargelegt, dass Mitarbeiter auch mit Maßnahmen- und Aktivitätszielen geführt und vergütet werden können. Solche Faktoren sind unabhängig von jeglichen Preis- oder Konjunkturschwankungen und machen weniger Zielanpassungen erforderlich, wenn der Markt sich ändert.
- Auch die Vergütung „weicher" Kriterien (vgl. Abschn. 2.2.2) macht ein Vergütungssystem krisenfester und somit resistenter gegenüber Anpassungsdruck. Das Vergütungssystem stellt sich für den Mitarbeiter als konstantere Größe dar und weist weniger Zufallsschwankungen auf.
- Eine variable Vergütungskurve, deren Verlauf „nach unten" sanfter absinkt, als sie „nach oben" ansteigt, nimmt ebenfalls Anpassungsdruck aus dem Vergütungssystem: Markt- und Konjunktureinbrüche werden im System tendenziell abgefangen.

Jedes Unternehmen muss natürlich individuell entscheiden, ob es Ziele unterjährig anpasst oder nicht. Eine generelle Handlungsanleitung kann diesbezüglich nicht gegeben werden. Viele Unternehmen handhaben diese Frage wie folgt:

- Zielanpassungen während der laufenden Planungsperiode sind auf wenige Ausnahmen beschränkt. In extremen Härtefällen besteht die Möglichkeit, Ziele „nach unten" anzupassen, zum Beispiel bei längerer Krankheit des Mitarbeiters, bei Insolvenz eines Kunden mit erheblichem Umsatzanteil (z. B. $\geq$ X %), bei Gebietsumstrukturierungen oder Kunden-Neuzuordnungen auf andere Mitarbeiter. Die Unterlassung der Zielanpassung wäre für den Mitarbeiter tendenziell demotivierend.

- Eher restriktiv verhält man sich bei Veränderungen der Konjunkturlage, um den Effekt der Personalkosten-Reduzierung nicht zu verlieren. Einem Konjunktureinbruch steht in einem anderen Jahr ein unerwartetes konjunkturelles Hoch gegenüber, was für einen entsprechenden Ausgleich im Mitarbeiter-Einkommen sorgt.

- Quintessenz: Unterjährige Zielanpassungen erfolgen eher in wenigen Ausnahmefällen. Ansonsten besteht die Gefahr der Förderung einer Zielanpassungs-Kultur mit der Folge, dass geringfügige Marktveränderungen seitens der Mitarbeiter zu Forderungen bezüglich der Zielabsenkungen führen könnten.

Zielanpassungs-Druck kann aus dem Vergütungssystem auch dadurch herausgenommen werden, dass das Unternehmen zwar an seiner Jahresplanung festhält, Ziele aber nur für Quartale oder Halbjahre vereinbart werden (im Sinne einer rollierenden Planung). Dies bietet die Möglichkeit, kurzfristig auf Marktveränderungen zu reagieren und die Ziele jeweils realitätsnaher zu gestalten.

2.9 Baustein 9: Mitarbeiter können sich ihr Ziel selbst geben

In den bisherigen Ausführungen wurde stets davon ausgegangen, dass die Ziele des Vergütungssystems entweder von den Führungskräften vorgegeben oder zwischen Führungskraft und Mitarbeitern vereinbart werden (was bzgl. der Motivationswirkung der Ziele zu bevorzugen ist). Nun besteht allerdings auch die Möglichkeit, dass der Mitarbeiter die Höhe seines Ziels selbst festlegt. In diesem Modell wird der Mitarbeiter allerdings angehalten, sich ein anspruchsvolles Ziel zu geben.

2.9.1 Funktionsweise des Modells

Bei Anwendung dieses Modells wählt der Mitarbeiter aus einem Angebot der Führungskraft sein Ziel aus, wobei ihm das Ziel (z. B. Deckungsbeitrag) in verschieden hohen Ausprägungen angeboten wird. Gibt sich der Mitarbeiter aber bewusst ein niedrigeres Ziel als nötig, reduziert er damit sein variables Einkommen. Er verdient dann am meisten, wenn er sich ein realistisches Ziel gibt. Dabei wird wie folgt vorgegangen:

Beispiel

Die Führungskraft erarbeitet einen Zielvorschlag (z. B. 500.000 € Deckungsbeitrag p. a.). Dieser Zielvorschlag entspricht den Vorstellungen der Führungskraft von einem anspruchsvollen, aber für den Mitarbeiter erreichbaren Ziel. Gleichwohl erlaubt die Führungskraft, dass sich der Mitarbeiter von diesem Zielvorschlag abweichende Ziele auswählt, wobei die Abweichung unterhalb wie oberhalb des Zielvorschlags liegen kann. Der angebotene und damit „erlaubte" Auswahlbereich repräsentiert die Bandbreite der Zielmöglichkeiten aus Sicht der Führungskraft: Sie wird in dem Zielangebot an den Mitarbeiter von dem Zielvorschlag „nach unten" nur so weit abweichen, dass das niedrigste Ziel noch in Übereinstimmung mit dem Unternehmensinteresse steht. Das höchste Ziel (die höchste Abweichung vom Zielvorschlag „nach oben") wird ein Ziel sein, das die Führungskraft zwar als anspruchsvoll ansieht, das aber vom Mitarbeiter noch erbracht werden kann (die höchste Abweichung „nach oben" darf kein utopisches Ziel repräsentieren).

Tab. 2.3 gibt hierfür ein Beispiel:

Die Führungskraft erarbeitet in diesem Beispiel einen Zielvorschlag (z. B. 500.000 € Ziel-Deckungsbeitrag des Mitarbeiters p. a.), wobei dieser Zielvorschlag in der ersten Spalte der obigen Tab. 2.3 mit dem Wert „1" gekennzeichnet ist. Der Mitarbeiter hat aber nun die Möglichkeit, als Ziel einen Wert auszuwählen, der bis zu zehn Prozent unter dem ursprünglichen Zielvorschlag liegen kann (Wert 0,9) oder bis zu zehn Prozent über dem ursprünglichen Zielvorschlag (Wert 1,1).

Die oberste Zeile der Tab. 2.3 gibt den Zielerreichungsgrad des Mitarbeiters wieder (bezogen auf den Zielvorschlag der Führungskraft). In der Tabelle selbst sind die Zielprämien aufgeführt, die mit bestimmten Zielen bzw. Zielerreichungsgraden verbunden und an den Mitarbeiter ausgeschüttet werden.

Der Mitarbeiter wählt also seinen persönlichen Zielwert aus dem „Angebot" aus, das in der ersten Spalte der obigen Tab. 2.3 enthalten ist. Damit hat sich der Mitarbeiter für die Dauer der Planungsperiode festgelegt, er hat sich definitiv „sein" Ziel gegeben. Mit diesem Ziel identifiziert sich der Mitarbeiter, wobei die zu diesem Zielwert gehörende Zeile der Tabelle die Zielprämien wiedergibt, die er bei verschiedenen Zielerreichungsgraden erhält. *Das gewählte Ziel ist natürlich bindend und kann im Lauf der Planungsperiode nicht gegen einen anderen Zielwert ausgetauscht werden.*

Die eingerahmten Prämienfelder geben die Übereinstimmung von Zielwert und Leistungswert wieder. Hat sich der Mitarbeiter beispielsweise für den Wert 0,95 entschieden und erreicht den Zielwert 95 % (bezogen auf den Zielvorschlag der Führungskraft), hat er sein persönliches Ziel voll erreicht (allerdings nur 95 % des ursprünglichen Zielvorschlags). Hier würde der Mitarbeiter im Beispiel der Tab. 2.3 eine Zielprämie in Höhe von 2000 € erhalten. Hätte er sich für den Zielwert 1 entschieden (= ursprünglicher Zielvorschlag der Führungskraft) und würde dennoch nur die 95 % erreichen, würde seine Zielprämie nicht 2000 € betragen, sondern nur 1000 € (obwohl die gleiche Leistung erbracht wurde), da der Mitarbeiter sein Ziel nicht erreicht hat. Mit anderen Worten: Die Prämientabelle ist so gestaffelt, dass die Zielprämie umso höher ausfällt, je höher das gewählte Mitarbeiterziel liegt (vgl. die gekennzeichneten Felder). Der Mitarbeiter wird auf diesem Weg angespornt, sich ein möglichst *anspruchsvolles* Ziel zu geben.

Tab. 2.3 Zielauswahl-Verfahren für den Mitarbeiter

Relation Mitarbeiterziel zu Zielvorgabe \ Zielerreichungsgrad bezogen auf Zielvorgabe	90%	95%	100%	105%	110%
0,9	**200,-**	1.000,-	2.000,-	3.000,-	4.000,-
0,95	250,-	**2.000,-**	3.000,-	4.000,-	5.500,-
1 = Zielvorschlag	--	1.000,-	**4.000,-**	5.000,-	6.000,-
1,05	--	--	3.000,-	**6.000,-**	7.000,-
1,1	--	--	2.000,-	5.000,-	**8.000,-**

Der Mitarbeiter, der bei diesem System „mauert", also sein Ziel tiefer als nötig ansetzt, „bestraft" sich selbst, da er seine Einkommenschancen mindert. Glaubt der Mitarbeiter zum Beispiel, die Zielvorgabe erreichen zu können, setzt sein Ziel aber trotzdem bei 0,95 fest und erreicht dann doch die 100 % (= Zielvorgabe), erhält er nur eine Prämie in Höhe von 3000 €. Hätte er den Wert 1 gewählt (den er sich eigentlich zugetraut hat), hätte er eine Prämie in Höhe von 4000 € erhalten.

Andererseits soll der Mitarbeiter bei diesem System ebenfalls angehalten werden, sein persönliches Ziel im Lauf der Planungsperiode zu übertreffen. Hat er sich beispielsweise den Zielwert 1 gegeben und erreicht dann doch die 105 %, erhält er eine Prämie in Höhe von 5000 €. Hätte er sich gleich den Zielwert 1,05 gegeben, würde er für die gleiche Leistung 6000 € erhalten.

Quintessenz: Bei dieser Variante der Zielprämienvergütung verdient der Mitarbeiter dann das höchste Einkommen, wenn er sich das „richtige" (d. h. realistische) Ziel gegeben hat, ein Ziel, das seinem Leistungsvermögen entspricht. Eine tiefere Einstufung als nötig „bestraft" seine Einkommenschancen genauso wie eine überhöhte Einstufung.

2.9.2 Einsatzmöglichkeiten des Modells

Zunächst einmal kann das in Abschn. 2.9.1 dargestellte Modell als generelles Vergütungssystem eingesetzt werden. Die Führungskraft erarbeitet dann für jedes Leistungskriterium, mit dem der Mitarbeiter geführt und vergütet werden soll, ein entsprechendes Angebot, aus dem der Mitarbeiter sein Ziel auswählt. Eine gewisse (aber nicht allzu große) Anzahl von Unternehmen arbeitet nach diesem Modell.

Oft wird vonseiten der Unternehmen, die mit diesem System zum ersten Mal konfrontiert werden, vermutet, dass mit der Anwendung dieses Modells ein hoher Arbeitsaufwand einhergeht. Dem ist aber keineswegs so: Zwar müssen entsprechende Ziel-Angebote für die Mitarbeiter ausgearbeitet werden, jedoch entfällt das Zielvereinbarungsgespräch.

Die Vorzüge des Modells liegen auf der Hand:

Vorteile des Zielauswahl-Verfahrens

- *Fairness der Zielfindung:* Der Mitarbeiter gibt sich sein Ziel selbst, allerdings entscheidet er sich in einem Rahmen, innerhalb dessen sich auch das Unternehmen arrangieren kann. Der Entscheidungsprozess weist damit in hohem Maß demokratische Züge auf. Bei diesem System macht es keinen Sinn, seinen Verhandlungspartner zu manipulieren.

- *Ansporn für ein anspruchsvolles Ziel:* Das System beugt einem „Mauerverhalten" vor und belohnt eine realistische Zielplanung. Es verlockt zur Übernahme eines sportlichen Ziels.

- *Zeitlich kurze Zielfindungsprozesse:* Führungskräfte und Mitarbeiter, die Erfahrung mit Zielvereinbarungen besitzen, wissen, dass diese Prozesse Zeit in Anspruch nehmen können: Nicht selten müssen mehrere „Planungsrunden" durchlaufen werden, bis die Ziele feststehen. Das hier dargestellte Konzept kürzt erfahrungsgemäß den Prozess der Zielfindung ab und legt ihn weitgehend in die Hand des Mitarbeiters.

- *Genauere Unternehmensplanung:* Das dargestellte System der freien Zielwahl belohnt Planungsgenauigkeit: Derjenige Mitarbeiter, bei dem Prognose und Leistung übereinstimmen, verdient bei diesem Konzept am meisten. Als „Nebeneffekt" des Systems erfolgt eine höhere Präzision der Gesamtplanung des Unternehmens.

- *Höhere Identifikation mit dem eigenen Ziel:* Bei diesem System gibt sich der Mitarbeiter sein Ziel selbst und bekommt es nicht von der Führungskraft „aufgenötigt". Die Motivationskraft von Zielen, mit denen sich ein Mitarbeiter identifiziert, ist unbestritten. Das Ziel, das man sich selbst gesetzt hat, möchte man auch erreichen.

Dieses Vergütungsmodell, bei dem sich der Mitarbeiter sein Ziel selbst gibt, weist aber auch einen nicht unwesentlichen Nachteil auf: Ein Zielvereinbarungsgespräch, das bei diesem Vergütungsansatz im Grunde nicht geführt wird, stellt für die Führungskräfte immer die große Chance dar, dem Mitarbeiter neue Möglichkeiten für verbesserte Ergebnisse aufzuzeigen, ihn auf Potenziale im Markt hinzuweisen, Wege zu größerem Erfolg aufzuzeigen etc. Genau dieses kommt aber bei dem Verfahren zu kurz, bei dem sich der Mitarbeiter sein Ziel selbst gibt und aus einem Zielangebot auswählt. Dieses Nicht-miteinander-Kommunizieren hat wenig mit Führung zu tun (was allerdings ein ganz wesentliches Merkmal moderner Vergütungssysteme darstellt). Dies dürfte auch der Grund dafür sein, dass das Modell nur bei relativ wenigen Unternehmen als genereller Vergütungsansatz Anwendung findet.

Das hier beschriebene Vergütungsmodell kann aber in einer bestimmten Situation von großem Nutzen sein: Wenn Ziele nicht vorgegeben, sondern vereinbart werden sollen, tritt früher oder später die Situation auf, dass sich Führungskraft und Mitarbeiter über ein bestimmtes Ziel nicht einigen können. In diesem Fall kann das Vergütungsmodell als *Konfliktlösungsmechanismus* eingesetzt werden. Führungskraft und Mitarbeiter konnten sich vielleicht bei vier von fünf Zielen einig werden, bei einem Ziel führt das Zielvereinbarungsgespräch aber nicht zu einer Einigung.

Wie soll das Problem dann gelöst werden? In einem solchen Fall kann das beschriebene Vergütungsmodell eingesetzt werden. Um eine Einigung zustande zu bringen, wird gewissermaßen das Verfahren gewechselt (von Zielvereinbarung auf freie Zielwahl durch den Mitarbeiter). Die Anwendung eines derartigen Konfliktlösungsmechanismus sollte dann aber in den Verträgen bzw. in der Betriebsvereinbarung als eigener Vertragspunkt enthalten sein.

2.10   Baustein 10: Schnelles Feedback zwischen Leistung und Vergütung

In den voranstehenden Kapiteln wurde dargelegt, dass moderne Vergütungssysteme im Vertrieb mit Zielprämien arbeiten. Bei den Zielen handelt es sich in aller Regel um Jahresziele: Man weiß in diesem Fall also erst am Jahresende genau, welchen Zielerfüllungsgrad der Mitarbeiter erreicht hat, und kann im Grunde erst dann exakt ermitteln, welche Zielprämie der Mitarbeiter verdient hat.

Nun wäre kein Mitarbeiter im Außen- und Innendienst, der über einen nennenswerten variablen Einkommensanteil verfügt (z. B. 30 % im Außendienst oder 20 % im Innendienst) bereit, zwölf Monate auf seine variable Vergütung zu warten. Es müssen also unterjährige Abschlagszahlungen erfolgen. Hierfür bieten sich drei Alternativen an.

2.10.1 Pauschale Abschlagszahlungen

Bei der pauschalen Abschlagszahlung wird gewissermaßen unterstellt, dass der Mitarbeiter bis zum Jahresende einen bestimmten Zielerfüllungsgrad erreicht (z. B. 100 %). Dementsprechend werden zwölf gleiche Abschläge ausgeschüttet, um das Einkommen des Mitarbeiters zu stabilisieren. Am Jahresende erfolgt dann die Ermittlung des endgültigen Leistungsgrads. Liegt der Leistungsgrad höher als bei den Abschlagszahlungen angenommen, erfolgt eine Nachzahlung. Liegt der tatsächliche Leistungsgrad des Mitarbeiters darunter, muss eine Aussetzung weiterer Abschlagszahlungen in den Folgemonaten erfolgen, und zwar so lange, bis der zu viel ausgeschüttete Betrag wieder egalisiert ist.

Aus Sicherheitsgründen kann bei diesen Abschlagszahlungen von vornherein ein gewisser Einbehalt vorgenommen werden, um die Gefahr von Überzahlungen zu minimieren.

Der Vorteil dieser Methode liegt zum einen in der Einfachheit der Abrechnung. Zum anderen besteht ein Vorteil darin, dem Mitarbeiter ein gleichmäßiges Einkommen zu gewährleisten. Der große Nachteil dieser Methode liegt darin, dass die Abschlagszahlung dem Mitarbeiter nichts über seinen aufgelaufenen Leistungsstand verrät. Insofern hat dieses Verfahren wenig mit dem Gedanken der Führung und Steuerung zu tun, der aber für moderne Vergütungssysteme geradezu charakteristisch ist.

Hinzu kommt die unschöne Problematik, dass der Mitarbeiter unterjährig eventuell höhere Abschläge erhalten hat, als ihm Zielprämie am Jahresende zusteht. In diesem Fall muss der Mitarbeiter im Folgejahr Einkommensverzicht leisten, um die erhaltene Überzahlung wieder wettzumachen.

2.10.2 Monatlich leistungsangepasste Abschlagszahlungen

Bei der monatlich leistungsangepassten Abschlagszahlung werden Abschlagszahlungen an den Mitarbeiter geleistet, die seiner tatsächlich aufgelaufenen Leistung entsprechen. Die Abschlagszahlung teilt dem Mitarbeiter also in jedem Monat mit, wo er hinsichtlich seiner Leistung steht. Hat er eine hohe unterjährige Leistung erreicht, fällt die Abschlagszahlung entsprechend hoch aus. Liegt seine aufgelaufene Leistung dagegen niedrig, fällt die Abschlagszahlung entsprechend gering aus.

Diese Art der Abschlagszahlung hat also nicht nur die Funktion, für gleichmäßiges Einkommen zu sorgen, sondern sie ist ein wichtiger Indikator für den Mitarbeiter, ob er seine Jahresziele noch erreichen wird. Die Abschlagszahlung wird damit zu einem wesentlichen Teil der Mitarbeiterführung und -steuerung (schnelles Feedback zwischen Leistung und variabler Vergütung).

In diesem Fall werden die unterjährigen Abschlagszahlungen auf der Basis von Soll/Ist-Vergleichen durchgeführt. Das Jahresziel (z. B. Deckungsbeitrag) wird unter Berücksichtigung der saisonalen Schwankungen auf monatliche Etappenziele heruntergebrochen. Jeweils am Ende des Monats wird über einen Soll/Ist-Vergleich der exakte aufgelaufene Leistungsgrad errechnet und entsprechend vergütet. Die Vergütung folgt also den tatsächlichen Erfolgen oder Misserfolgen des Mitarbeiters.

Dabei betrachtet man nicht den einzelnen Monat für sich alleine, sondern jeweils im Monat die insgesamt aufgelaufenen Werte pro Vergütungskriterium vom Start des Wirtschafts- bzw. Planungsjahres an (also z. B. den

Deckungsbeitrag, der sich von Januar bis Juni ergeben hat). Vergütet wird die gesamte aufgelaufene Leistung bis zum Betrachtungsmonat unter Abzug der Zahlungen, die in den Vormonaten (z. B. Januar bis Mai) erfolgt sind.

Dieses Vorgehen hat den großen Vorteil, dass sich am Jahresende tendenziell keine Über- oder Unterzahlungen ergeben, die im Folgejahr ausgeglichen werden müssen. Der Mitarbeiter befindet sich im laufenden Jahr quasi immer auf dem korrekten Einkommensstand, der ihm aufgrund seiner tatsächlichen Leistung zusteht. Darüber hinaus wird der Mitarbeiter mittels Abschlagszahlungen über seinen Leistungsstand informiert.

▶ Das Verfahren der leistungsabhängigen Abschlagszahlung ist der pauschalen Abschlagszahlung eindeutig vorzuziehen, weil es der engen Verzahnung zwischen Führung, Steuerung und Vergütung entspricht, die für gut gemachte Vergütungssysteme so typisch ist.

aber hoher Aufwand / System

2.10.3 Quartalsweise angepasste Abschlagszahlungen

Nun kann natürlich auch ein Kompromiss zwischen der pauschalen Abschlagszahlung (vgl. Abschn. 2.10.1) und der monatlich leistungsangepassten Abschlagszahlung (vgl. Abschn. 2.10.2) gefunden werden. Ein solcher Kompromiss besteht darin, die leistungsangepasste Abschlagszahlung nicht monatlich, sondern quartalsweise durchzuführen: Der Mitarbeiter erhält zwei Monate (z. B. Januar und Februar) eine pauschale Abschlagszahlung (z. B. ein Zwölftel seiner Jahresprämie), die genaue leistungsbezogene Abrechnung erfolgt dann jeweils zum Quartalsende (nach demselben Verfahren, wie es in Abschn. 2.10.2 vorgestellt wurde).

Diese Vorgehensweise wird üblicherweise in zwei alternativen Fällen gewählt:

- Das Unternehmen strebt eine weniger aufwendige unterjährige Gehaltsabrechnung an und verzichtet aus diesem Grund auf einen höheren Aktualitätsgrad der monatlichen Mitarbeiter-Bezüge und Mitarbeiter-Information.
- Die Mitarbeiter im Verkauf sind in lang- oder längerfristige Kundenprojekte eingebunden, eine monatlich exakte Erfolgsermittlung und -vergütung würde zu untypischen monatlichen Einkommensspitzen bzw. Einkommenstälern führen. Die quartalsweise Abrechnung bringt eine gewisse Glättung in das Einkommen der Mitarbeiter und entspricht eher dem tatsächlichen Bild des Geschäftsverlaufs.

Auch hier gilt: Die Mitarbeiter sollten unterjährig in gewissen zeitlichen Abständen *mittels ihres Einkommens* die Information erhalten, wie sie leistungsmäßig stehen, ob sie ihre Jahresziele noch erfüllen und was dafür unternommen werden muss. Es genügt nicht, nur per Reporting zu informieren. Die tatsächliche Vergütung sollte als Verstärker der Führungs- und Steuerungsidee genutzt werden.

Quellen

Kieser, H.-P.: Moderne Vergütung im Verkauf – Leistungsorientiert entlohnen mit Deckungsbeiträgen und Zielprämien, 3. Aufl. Verlag Wissenschaft & Praxis, Sternenfels (2008)

Fallbeispiele 3

In diesem Kapitel soll ein Einblick in konkrete Vergütungslösungen gegeben werden, die im Vertrieb verschiedener Unternehmen der Bereiche Industrie, Großhandel, Verlagswesen und Dienstleistung implementiert wurden. Dabei wurde bewusst darauf geachtet, aus der Fülle des darstellbaren Materials unter anderem auch solche Beispiele auszuwählen, die vom Standard abweichen und branchentypische Lösungen beinhalten.

3.1 Vergütungsbeispiel technischer Großhandel

Die hier dargestellte Lösung wurde in einem Großhandel für technische Produkte installiert. Sämtliche Mitarbeiter-Bereiche des Unternehmens wurden auf ein leistungsorientiertes Vergütungssystem umgestellt. Hier sollen nur diejenigen Lösungen aufgezeigt werden, die bei den Vertriebsmitarbeitern im Außen- und Innendienst realisiert wurden.

3.1.1 Außendienstmitarbeiter

Die Außendienstmitarbeiter waren bislang mit einem Fixum und einer Provision auf den Rohertrag vergütet, den die Mitarbeiter im eigenen Kundenkreis erwirtschaftet haben. Der variable Einkommensanteil lag zwischen 50 und 65 % des Mitarbeiter-Gesamteinkommens.

Das Unternehmen empfand die bisherige variable Vergütung als zu träge, Mehrleistung der Mitarbeiter lohnte sich nicht wirklich. Trotz des hohen (und arbeitsrechtlich fragwürdigen) variablen Einkommensanteils entwickelte sich die

© Springer Fachmedien Wiesbaden 2016
H.-P. Kieser, *Variable Vergütung im Vertrieb*,
DOI 10.1007/978-3-658-07144-8_3

Provisionskurve sehr „langweilig" und vergütete jedes Jahr aufs Neue sämtliche Umsätze bzw. Roherträge der Vergangenheit, statt sich auf diejenigen Leistungen zu konzentrieren, um die es im laufenden Jahr eigentlich ging. Zusätzlich wurde seitens des Unternehmens bemängelt, dass nur die Außendienstmitarbeiter variabel vergütet wurden. Der große Rest der Mitarbeiter wurde ausschließlich fix vergütet. Das Unternehmen wünschte sich durch Einführung einer variablen Vergütung auf breiter Mitarbeiter-Basis darüber hinaus eine Flexibilisierung seiner Kosten und damit eine Stabilisierung der Erträge.

Anstelle ihres (aus arbeitsrechtlicher Sicht) viel zu hohen variablen Einkommensanteils erhielten die Außendienstmitarbeiter einen 30-prozentigen variablen Einkommensanteil und wurden mit folgenden Leistungskriterien vergütet:

- *Deckungsbeitrag* aus eigenen Kunden: Dabei wurde ein Deckungsbeitrag 2 (DB 2) vergütet. Der Deckungsbeitrag 1 (DB 1) ergab sich aus der Differenz zwischen Mitarbeiter-Umsatz und Wareneinsatz, Kommissionier- und Verpackungskosten sowie Transportkosten.
- Um zum DB 2 zu kommen, wurden auch die Kosten berücksichtigt, die der Mitarbeiter selbst verursacht hat (z. B. Gehaltskosten, Gehaltsfolgekosten, Spesen, Kfz-Kosten, Telefonkosten etc.). Darüber hinaus wurden Forderungsverluste aus dem Außendienstgebiet in Abzug gebracht, ebenso kalkulatorische Zinsen für Außenstände. Dies sollte bewirken, dass sich der Mitarbeiter stärker um den Rücklauf von Außenständen bemüht.
- *Neukunden* in bestimmten Marktsegmenten: Der Deckungsbeitrag, der mit Neukunden in strategisch wichtigen Marktsegmenten erwirtschaftet werden sollte, wurde als Ziel festgelegt und vergütet.
- *Strategisch wichtige Kunden:* Dabei handelte es sich um den Ziel-Deckungsbeitrag, der mit wichtigen Potenzialkunden ausgebaut werden sollte, die bei Zielvereinbarung konkret benannt wurden. Es handelte sich um solche Kunden, deren Potenzial bei weitem noch nicht ausgeschöpft war.
- *Strategisch wichtige Produkte:* Es wurde der Deckungsbeitrag mit solchen Produkten vergütet, die zukunftsträchtig waren, im Vertrieb aber besondere Mühe und Aufmerksamkeit erforderten.
- *Persönliche Ziele:* Hier konnte sich das Unternehmen aus einem Pool verschiedenster Leistungskriterien ein oder zwei Ziele auswählen, die individuell nur auf den einzelnen Mitarbeiter angewandt wurden. Dabei konnte es sich um „weiche" Ziele handeln (wie z. B. die Aneignung bestimmter Kompetenzen) oder auch um „harte" Ziele (wie z. B. die Forcierung bestimmter bisher vernachlässigter Produkte, Marktsegmente, Kunden etc.).

- *Persönliche Leistungsbeurteilung:* Das Unternehmen wollte die Mitarbeiter ganz bewusst in „weiche" Kriterien einbinden, um den Führungsgedanken im neuen Vergütungssystem zu stärken. Der Mitarbeiter, der an seinem Know-how, an seinem Informationsverhalten und an seiner verkäuferischen Kompetenz arbeitet, kann „morgen" erfolgreicher sein, als es ihm „heute" möglich ist.

3.1.2 Innendienst-Telefonverkauf

Die Innendienstmitarbeiter wurden erstmalig in eine variable Vergütung einbezogen. Die Umstellung auf das neue Vergütungssystem erfolgte einkommensneutral. Die Mitarbeiter erklärten sich damit einverstanden, dass 20 % der bisherigen fixen Vergütung variabilisiert wurden. Dafür wurden im neuen Vergütungssystem hohe Chancen auf Mehreinkommen bei entsprechenden Leistungssteigerungen geschaffen. Die variable Vergütungskurve fiel „nach unten" (für Leistungen unter 100 %) schwächer ab, als sie „nach oben" anstieg. Außerdem erhielten die Mitarbeiter eine zweijährige Übergangsfrist, in der sie zwar durch das neue Vergütungssystem bereits mehr verdienen konnten, aber nicht weniger als ihr bisheriges Fixum. Diese Anreize waren angemessen, um die Mitarbeiter zur Akzeptanz des neuen Vergütungssystems zu bewegen.

Folgende Leistungskriterien wurden den Telefonverkäufern im Innendienst vergütet:

- *Deckungsbeitrag des Teams aus Telefonverkäufern:* Ein Team aus vier Telefonverkäufern pro Produktbereich hatte die Aufgabe, Kunden am Telefon zu beraten, Aufträge entgegenzunehmen und teilweise auch aktiv zu verkaufen. Im Unternehmen bestand der Wunsch, die Mitarbeiter zu einem noch verkaufsaktiveren Verhalten zu motivieren. Es wurde ein Teamziel für den Deckungsbeitrag als variabler Einkommensbestandteil des einzelnen Innendienstmitarbeiters/Teammitglieds ausgewählt.
- *Strategisch wichtige Produkte:* Auch die Telefonverkäufer wurden in die Aufgabe eingebunden, langfristig wichtige und renditestarke bzw. neue Produkte zu forcieren. Der Deckungsbeitrag mit bestimmten Produkten wurde deshalb zum Vergütungskriterium des Teams der Telefonverkäufer erhoben.
- *Umwandlung Angebote:* Spezielle Aufgabe der Telefonverkäufer war es, Angebote telefonisch zu verfolgen und zu Aufträgen umzuwandeln. Die Umwandlungsquote der Angebote wurde zum Vergütungskriterium des Teams.
- *Quote der angenommenen Gespräche:* Dabei handelte es sich um ein spezielles Kriterium, das die Kundenfreundlichkeit im Telefonverkauf verbessern sollte.

Die Mitarbeiter wurden angehalten, effizient zu telefonieren, sodass möglichst kein Gespräch verloren gehen sollte, das heißt unangenommen bleibt. Das Verhältnis der angenommenen Gespräche zu der Anzahl insgesamt aufgelaufener Gespräche wurde zum Vergütungskriterium des Teams bzw. der Telefonverkäufer.

- *Wartezeit der Kunden am Telefon:* Auch die Vergütung der durchschnittlichen Wartezeit der Kunden auf Annahme ihres Telefonats sollte die Servicefreundlichkeit im Telefonverkauf anheben. Die vorhandene Telefonanlage konnte die entsprechenden Auswertungen liefern.
- *Persönliche Leistungsbeurteilung:* Da auch die Innendienstmitarbeiter in ihren Kompetenzen weiterentwickelt werden sollten, entschied sich das Unternehmen dafür, „weiche" Leistungskriterien in das Vergütungskonzept der Telefonverkäufer auf zunehmen. Während bei allen übrigen Vergütungskriterien Teamergebnisse vergütet wurden, handelte es sich hier um Werte des einzelnen Mitarbeiters.

3.1.3 Filialmitarbeiter

Das Unternehmen unterhielt diverse Niederlassungen, deren Mitarbeiter ebenfalls in das neue Vergütungssystem einbezogen werden sollten. Bis dato wurden auch diese Mitarbeiter rein fix vergütet. Wie beim Innendienst wurden wiederum 20 % des bisherigen Fixums in variable Vergütungselemente umgewandelt, natürlich unter Absicherung der Mitarbeiter für eine längere Übergangszeit. Darüber hinaus wurde auch hier wieder ein Vergütungsmodell angeboten, bei dem die Chancen auf Mehreinkommen dauerhaft größer waren als die Risiken auf Mindereinkommen.

Folgende Leistungskriterien wurden zur Vergütung der Filialmitarbeiter ausgewählt:

- *Deckungsbeitrag der Filiale:* Es handelte sich dabei um den Deckungsbeitrag nach Kosten (DB 2) der Filiale. Die Filialteams arbeiteten „an der langen Leine" mit relativ großen Entscheidungsfreiheiten hinsichtlich Disposition von Ware, Gestaltung der Verkaufspreise etc. So wurde die einzelne Filiale zum Profit-Center erhoben und die Mitarbeiter am Ergebnis der Filiale über eine Team-Zielprämie beteiligt.
- *Strategisch wichtige Produkte:* In dieses weiter oben bereits beschriebene Vergütungskriterium wurden auch die Filialmitarbeiter eingebunden, da sie (wie

die Telefonverkäufer und der Außendienst) nachhaltig Einfluss auf den verkauften Produkt-Mix ausüben konnten.

- *Lagerumschlagshäufigkeit:* Die Filialmitarbeiter disponierten Ware für das Lager, aus dem die Kunden bedient wurden. Um das Lager schlank und schlagkräftig zu halten, und um nicht zu viel Kapital zu binden, wurde dieses Kriterium in die Vergütung aufgenommen. Die Erhöhung der Lagerumschlagshäufigkeit sollte den Kapitalbedarf unmittelbar senken.

- *Quote Lagerdifferenzen:* Um Einlagerungsfehler und Kommissionierungsfehler zukünftig zu reduzieren, wurde dieses Kriterium in die variable Vergütung eingebaut. Es handelte sich um das Verhältnis zwischen dem Wert der jährlichen Lagerdifferenzen (der Filiale) und dem durchschnittlichen Lagerwert p. a.

- *Persönliche Leistungsbeurteilung:* Um die Kompetenzen der Mitarbeiter in den Filialen weiterzuentwickeln, wurden sie ebenfalls in die Vergütung „weicher" Kriterien eingebunden.

3.1.4 Vertriebsleitung

Das Unternehmen wünschte sich ein Vergütungsmodell, bei dem sämtliche Mitarbeiter durchgängig in eine leistungsabhängige Vergütung eingebunden werden sollten, auch die Führungskräfte. Bei der Vergütung der Vertriebsführungskräfte kam es darauf an, diese einerseits in die wichtigsten Vergütungskriterien ihrer Mitarbeiter zu integrieren, andererseits sollten sich die Führungsaufgaben im Vergütungssystem widerspiegeln. Der variable Einkommensanteil der Vertriebsleiter wurde auf 30 % des bisherigen Fixeinkommens festgelegt, ebenfalls unter Absicherung der Führungskräfte für eine längere Übergangszeit und unter attraktiver Ausgestaltung des neuen Vergütungssystems.

Im Einzelnen wurden die Vertriebsleiter mit folgenden Leistungskriterien vergütet:

- *Deckungsbeitrag Vertriebsabteilung:* Natürlich trägt der einzelne Vertriebsleiter Verantwortung für den Deckungsbeitrag nach sämtlichen Personal- und Sachkosten der Vertriebsabteilung. Dieser Deckungsbeitrag wurde zum Vergütungskriterium erhoben (DB 2).

- *Deckungsbeitrag mit strategisch wichtigen Marktsegmenten:* Das Unternehmen verfolgte das Ziel, bestimmte Marktsegmente, denen eine hohe strategische Bedeutung beigemessen wurde, auszubauen. Analoge Ziele wurden auch bei den Außendienstmitarbeitern und Innendienstmitarbeitern vergütet (Kunden- und Produktziele; siehe weiter oben).

- *Ausbau strategisch wichtiger Kunden:* Die Vertriebsleiter wurden in das Ziel des Ausbaus bestimmter Strategiekunden einbezogen. Dabei handelte es sich um benannte Großkunden, deren Potenzial für das Unternehmen noch nicht ausgeschöpft war, und die teilweise unter intensiver Beteiligung der Vertriebsleiter bearbeitet wurden. Dieses Ziel findet sich auch in der Vergütung der Außendienstmitarbeiter.
- *Projektziele:* Zu den typischen Aufgaben von Führungskräften zählen Projekte. Dabei handelt es sich um komplexe Maßnahmenbündel, die bis zu einem bestimmten Termin abgeschlossen sein müssen. Solche Projektziele betreffen zum Beispiel den organisatorischen Aufbau eines neuen Marktes, die Einführung neuer Führungs- und Steuerungsmechanismen (CRM-System, Vergütungssystem etc.) oder auch Restrukturierungen innerhalb der Abteilung bzw. der Vertriebsgebiete. Auch Kostensenkungsprogramme können zu Projektzielen erhoben werden. Projektziele sind teilweise „hart" (d. h. zählbar und messbar), teilweise „weich" (es müssen Ergebnisse beurteilt werden). Zu den „harten" Aspekten, die gezählt bzw. gemessen werden können, gehört die Einhaltung des vereinbarten Termins bzw. die Einhaltung eines eventuell eingerichteten Kostenbudgets. Zu den „weichen" Aspekten, die beurteilt werden müssen, zählt die Qualität der Projektumsetzung bzw. der Projektergebnisse.
- *Unternehmensergebnis:* Die Vertriebsleiter wurden mit einem Teil ihrer variablen Vergütung in das Gesamtergebnis des Unternehmens (EBIT) eingebunden. Der Führungscrew sollte dadurch die übergreifende Verantwortung verdeutlicht werden, das Interesse für das Ganze sollte gefördert werden.
- *Persönliche Leistungsbeurteilung:* Auch die Führungskräfte des Unternehmens bzw. des Vertriebs wurden bezüglich ihrer Vergütung in „weiche" Beurteilungskriterien eingebunden, um ihre Führungskompetenz zu beurteilen und weiter zu entwickeln (vgl. hierzu Abschn. 2.7.3).

Abschließend sei auf den hohen Vernetzungsgrad der Vergütung der einzelnen Mitarbeiter-Bereiche hingewiesen. So wurde gewährleistet, dass zwischen den Mitarbeitern, ebenso zwischen den Führungskräften und Mitarbeitern, eine wechselseitige Unterstützung entstand, die vormals nicht vorhanden war.

3.2   Vergütungsbeispiel Hersteller von Bodenbelägen

Das Unternehmen, ein namhafter europäischer Hersteller von Bodenbelägen, wünschte sich vom neuen Vergütungssystem eine stärkere Vernetzung der Unternehmensziele mit den Mitarbeiterzielen. Dabei ging es unter anderem darum, die

Eigenmarken im Vertrieb auszubauen und strategisch wichtige sowie profitable Produkte zu stärken. Das neue Vergütungssystem sollte darüber hinaus Mehrleistungen der Mitarbeiter attraktiver vergüten und alle Mitarbeiter des Vertriebs (also auch den Innendienst und die Führungskräfte) in die variable Vergütung einbinden. Dadurch sollten Reibungsverluste abgebaut und die Ertragssituation des Unternehmens verbessert werden. Die zukünftige variable Vergütung sollte darüber hinaus leistungsgerechter, das heißt weniger zufallsorientiert sein.

Das Unternehmen arbeitete im Außendienst mit fest angestellten Reisenden und Handelsvertretern zusammen. Die Aufgabe des Innendiensts bestand darin, Kunden telefonisch zu betreuen (inbound-orientiert) und Aufträge zu erfassen. Jeweils ein Innendienstmitarbeiter war für mehrere Außendienstmitarbeiter zuständig, denen er zuarbeitete (organisatorische Innendienst-Außendienst-Teams). Mehrere Vertriebsleiter waren jeweils für verschiedene regionale Innendienst-Außendienst-Teams zuständig. Die bisherige Vergütung war bei den fest angestellten Reisenden durch Fixum und Umsatzprovision geprägt (variabler Einkommensanteil ca. 20 %), bei den Handelsvertretern ausschließlich durch Umsatzprovisionen. Innendienstmitarbeiter und Führungskräfte wurden bis dato ausschließlich fix vergütet. Diese Vergütungsstruktur wurde im Unternehmen von sämtlichen Beteiligten als relativ „langweilig" und wenig motivierend empfunden.

3.2.1 Reisende

Die fest angestellten Reisenden erhielten zunächst einen höheren variablen Einkommensanteil (30 % vom Gesamteinkommen). Dieser zusätzliche Anteil wurde dem bisherigen Fixum entnommen, die Mitarbeiter wurden mit einer Übergangszeit von einem Jahr entsprechend abgesichert. Der höhere variable Einkommensanteil sollte im Hinblick auf eine größere Ergebnisorientierung der Mitarbeiter mehr Wirkung entfalten. Außerdem war zu bedenken, dass moderne Vergütungssysteme stets mit mehreren Vergütungskriterien arbeiten, was für den Mitarbeiter ein hohes Maß an Sicherheit beinhaltet: Er kann eine Schlechtleistung bei einem Kriterium durch Gutleistungen bei anderen Kriterien kompensieren. Ein höherer variabler Einkommensanteil verliert damit für den Mitarbeiter seinen bedrohlichen Charakter.

Im neuen Vergütungssystem wurden folgende Leistungskriterien vergütet:

- *Umsatz:* Für jeden Reisenden wurde ein entsprechendes Umsatzziel definiert. Über dieses Kriterium sollte den Marktanteilszielen des Unternehmens Rechnung getragen werden, ebenso der Produktionsauslastung.

- *Deckungsbeitrag:* Über dieses Leistungskriterium sollte der Mitarbeiter angehalten werden, auf die Qualität der Umsätze zu achten, Markenprodukte und rentable Artikel zu forcieren, zu guten Konditionen zu verkaufen und eigene Kosten zu senken.
- *Ausbau des Partner-Kunden-Systems:* Das Unternehmen hatte ein Kundenbindungssystem entwickelt, das Kunden gewisse Vorteile einräumte (z. B. Zahlungsmodalitäten), sofern sie ihren Bedarf überwiegend beim betrachteten Unternehmen deckten. Es wurde der Anteil der Partnerkunden an sämtlichen Kunden des Reisenden als Ziel definiert und vergütet.
- *Umsatz mit neuen und strategisch wichtigen Produkten:* Über dieses Vergütungskriterium sollten langfristig wichtige und rentable Produktbereiche des Unternehmens ausgebaut werden. Entsprechende Ziele wurden mit den Mitarbeitern vereinbart.
- *Punkte für Marketing-Aktivitäten:* Der Mitarbeiter konnte für die Durchführung von Maßnahmen Punkte sammeln, die mittelfristig umsatz- und deckungsbeitragsförderlich waren, jedoch nicht unmittelbar zu Umsätzen und Deckungsbeiträgen führten (z. B. Durchführung von Kunden-Schulungen, Hausmessen, Werksbesuche von Kunden etc.). Ein entsprechendes Punktziel wurde mit dem Mitarbeiter als Jahresziel vereinbart.
- *Deckungsbeitrag mit Strategiekunden:* Jeder Außendienstmitarbeiter hatte strategisch bedeutsame Kunden, deren Umsatzpotenzial vom eigenen Unternehmen zu wenig ausgeschöpft wurde. Es wurde ein entsprechendes Deckungsbeitragsziel vereinbart, das mit diesen Kunden im Kalenderjahr erreicht werden sollte.

3.2.2 Handelsvertreter

Ein Teil der Vertriebsmannschaft bestand zum Zeitpunkt der Einführung des neuen Vergütungssystems aus Handelsvertretern, die bis dato nur mit Umsatzprovisionen vergütet wurden. Auch diese Mitarbeiter sollten über das neue Vergütungssystem differenzierter geführt und gesteuert werden, was über Ziele realisiert wurde. Darüber hinaus empfand man die Provisionsvergütung als zu „langweilig" und zu wenig anspornend zu Mehrleistungen.

Nun können Handelsvertreter nicht ausschließlich nach Zielprämien vergütet werden, die erst ab einem „unteren Leistungspunkt" zu laufen beginnen, da sie einkommensmäßig nicht über ein Fixum abgesichert sind. Um auch Handelsvertreter in ein modernes, zielorientiertes und spannendes Vergütungssystem einzubinden, bestehen zwei Möglichkeiten:

- Man behält eine Umsatzprovision bei, senkt allerdings die Provisionssätze ab. Den so entstandenen Freiraum zum bestehenden Besitzstand füllt man mit Zielprämien (für verschiedene Leistungskriterien). Damit kann über Ziele differenzierter gesteuert und vergütet werden. Außerdem steigt die Zielprämienkurve steiler an (vgl. Abschn. 2.4), sodass die Gesamtvergütung des Handelsvertreters „spannender" wird.
- Man vergütet ausschließlich mit Zielprämien (für verschiedene Leistungskriterien). Beim „unteren Leistungspunkt" wird die Zielprämie allerdings nicht abgebrochen, sondern läuft (wie eine Provision) „nach unten" aus, sodass der Mitarbeiter ab dem ersten Euro Umsatz bzw. Deckungsbeitrag schon eine gewisse variable Vergütung erhält. Dieses provisionsartige Auslaufen der Zielprämie „nach unten" gibt dem Handelsvertreter Einkommenssicherheit, die er auch bei der reinen Provisionsvergütung hätte. Dennoch erfolgt im eigentlichen Leistungsbereich des Handelsvertreters („Leistungskorridor") eine wesentlich „spannendere" Vergütung mit höherer Belohnung von Mehrleistungen.

Das hier erwähnte Unternehmen hat sich bei der Vergütung seiner Handelsvertreter für die zweite Lösung entschieden. Es wurden die gleichen Leistungskriterien vergütet wie bei den Reisenden.

3.2.3 Innendienstmitarbeiter

Die Innendienstmitarbeiter, die jeweils mehrere Außendienstmitarbeiter betreuten, waren bislang ausschließlich fix vergütet. Man entschied sich dafür, 10 % des bisherigen Fixgehalts in eine variable Vergütung umzuwandeln. Die Innendienstmitarbeiter konnten für diesen Schritt gewonnen werden, weil sie für die Dauer eines Jahres gegen Einkommenseinbrüche abgesichert wurden. Außerdem wurde das neue Vergütungsmodell dauerhaft so attraktiv gestaltet (mit hohen Einkommensverbesserungen bei Gutleistungen und nur relativ geringen Einkommensverlusten bei Schlechtleistungen), dass die Mitarbeiter dem Vergütungssystem positiv gegenüberstanden.

Folgende Leistungskriterien wurden den Innendienstmitarbeitern vergütet:

- *Umsatz der betreuten Außendienstmitarbeiter:* Es handelte sich um den gesamten Teamumsatz, für den der Innendienstmitarbeiter Mitverantwortung hatte (Summe der Umsätze der von ihm betreuten Außendienstmitarbeiter).

- *Deckungsbeitrag der betreuten Außendienstmitarbeiter:* Auch hier wurde der gesamte Team-Deckungsbeitrag vergütet, den der Innendienstmitarbeiter gemeinsam mit „seinen" Außendienstmitarbeitern verantwortete.
- *Deckungsbeitrag Vertrieb gesamt:* Dieses Vergütungskriterium sollte sicherstellen, dass sich der Innendienstmitarbeiter nicht nur um die Kunden „seiner" Außendienstmitarbeiter kümmerte, sondern darüber hinaus auch um die Kunden der Kollegen-Teams, wenn diese überlastet waren oder eine Stellvertretung wahrgenommen werden musste.
- *Wartezeit der Kunden am Telefon:* Das Ziel der Mitarbeiter bestand in der Verbesserung des Status quo: Betrug die durchschnittliche Wartezeit der Kunden zum Beispiel 5,5 s, konnte das Ziel darin bestehen, einen Wert von 4 s zu erreichen.
- *Vermeidung von Erfassungsfehlern:* Im Rahmen einer angestrebten Qualitätsverbesserung des Unternehmens in allen Bereichen wurden auch die Innendienstmitarbeiter in ein solches Vergütungskriterium eingebunden, um die Zahl der Kundenreklamationen zu reduzieren.

3.2.4 Regionale Vertriebsleiter

Die regionalen Vertriebsleiter wurden erstmalig in eine variable Vergütung eingebunden. Der variable Einkommensanteil wurde bei 30 % vereinbart. Auch hier wurden die Führungskräfte für eine Übergangszeit entsprechend abgesichert, das Vergütungsmodell wurde für Mehrleistungen äußerst attraktiv gestaltet, sodass ein hoher Anreiz gegeben war, das neue Vergütungssystem zu akzeptieren.

Folgende Leistungskriterien wurden den Vertriebsleitern vergütet:

- *Umsatz des Verantwortungsbereichs:* Mit diesem Vergütungskriterium wurden Aspekte wie Marktanteil und Produktionsauslastung abgedeckt.
- *Deckungsbeitrag des Verantwortungsbereichs:* Natürlich sollten Führungskräfte in die Sicherstellung von Erträgen eingebunden werden. In diesem Fall wurden die Deckungsbeiträge der Außendienstmitarbeiter in die Vergütung der Vertriebsleiter aufgenommen, für die sie Verantwortung trugen.
- *Umsatz mit neuen und strategisch wichtigen Produkten:* Hier wurde (wie bei den ersten beiden Vergütungskriterien) die Brücke zur Vergütung der Reisenden, Handelsvertreter und Innendienstmitarbeiter geschlagen, die an die regionalen Vertriebsleiter berichteten. Ein Teil der variablen Führungskräfte-Vergütung sollte ganz bewusst die Leistungskriterien der Außendienst- und Innendienstmitarbeiter aufgreifen, um bei den Führungskräften das Interesse sicherzustellen, mit

ihren Mitarbeitern anspruchsvolle Ziele zu vereinbaren und ihre Mitarbeiter bei der Zielerreichung entsprechend zu unterstützen. Damit wurde dem Prinzip der Durchgängigkeit der variablen Vergütung Rechnung getragen.

- *Projektziele:* Hierüber wurden die Führungskräfte des Vertriebs in entsprechende Maßnahmenpakete eingebunden, die die Einführung neuer Methoden und Systeme betrafen, beispielsweise organisatorische Veränderungen und Umstrukturierungen etc. (vgl. auch die Ausführungen in Abschn. 3.1).
- *EBIT Unternehmen:* Die Einbindung der Führungskräfte in ein Gesamtergebnis sollte den Blick und das Verantwortungsbewusstsein für „das Ganze" schärfen.

Auch bei diesem Vergütungsbeispiel sollte der hohe Vernetzungsgrad der Vergütung im Außen- und Innendienst sowie im Bereich der Führungskräfte verdeutlicht werden.

3.3 Vergütungsbeispiel Hersteller von Teilen für die Automotive-Industrie

Dieses Beispiel wurde für das vorliegende Buch ganz bewusst ausgewählt, da das Geschäft eines Erzeugers im Automotive-Bereich mit Kunden wie beispielsweise in der Automobilindustrie meist sehr langfristig angelegt und projektorientiert ist. Umsätze und Deckungsbeiträge können nur bedingt unmittelbar und im laufenden Jahr beeinflusst werden, sondern es bedarf nicht selten einer Vorlaufzeit von zwei bis drei Jahren, bevor sich Bemühungen in Umsätzen und Deckungsbeiträgen niederschlagen. Diese Umsätze unterliegen wiederum nur sehr bedingt dem Einfluss der Verkäufer, da diese nicht bestimmen können, wie erfolgreich zum Beispiel ein bestimmtes Fahrzeug auf dem Markt verkauft wird, in das die Teile des Zulieferers eingebaut werden. Eine Vergütung der Verkäufer über Umsätze und Deckungsbeiträge wäre hier weitgehend fehl am Platz, da sie zwei wichtige Voraussetzungen einer wirkungsvollen variablen Vergütung nicht erfüllen würde: Die direkte Beeinflussbarkeit der vergüteten Leistungskriterien und die Unmittelbarkeit zwischen Ergebnis/Leistung des Mitarbeiters und seiner Vergütung (das Ergebnis erfolgte teilweise drei Jahre später, Vergütung muss aber immer unmittelbar erfolgen, um Führungsansprüchen zu genügen).

Um die Verkäufer im besagten Unternehmen wirkungsvoll variabel zu vergüten, wurde der Weg gewählt, *Aktivitäten und Maßnahmen* der Mitarbeiter zu vergüten, die auf dem Weg zum Erfolg zwingend notwendig waren. Das heißt, nicht die Ergebnisse sollten vergütet werden, die eventuell erst in drei Jahren evident wurden, sondern zielführende Maßnahmen. Gelang es dem Mitarbeiter, viele Kundenprojekte zu identifizieren und entsprechend viele Aktivitäten (im Sinne von klar definierten Zwischenschritten) zu platzieren, war der spätere Erfolg (Umsatz und Deckungsbeitrag) gewissermaßen „nicht mehr vermeidbar".

3.3.1 Key-Account-Manager

Die Key-Account-Manager, die jeweils ca. fünf zehn bis zwanzig Kunden im Automotive-Bereich zu betreuen hatten, verfügten bereits vorher über einen variablen Vergütungsanteil von ca. 30 %, der auch im neuen Vergütungssystem beibehalten wurde.

Die Mitarbeiter wurden mit folgenden Leistungskriterien vergütet:

- *Punkte für Aktivitäten und Maßnahmen:* Der Mitarbeiter erhielt jeweils eine bestimmte Anzahl Punkte für klar definierte und zielführende Maßnahmen im Rahmen von Kundenprojekten. Bei diesen Aktivitäten handelte es sich beispielsweise um Folgende:
  - Identifizierung und Meldung eines neuen Kundenprojektes sowie Benennung des jeweiligen Entscheiders bzw. Projektleiters (beim Kunden).
  - Identifizierung der Produkt-/Projektspezifikationen
  - Durchführung einer qualifizierten Präsentation beim Entscheider/Projektleiter des Kunden
  - Erreichung eines qualifizierten Angebots für den Kunden
  - Organisation entsprechender Testreihen beim Kunden
  - Freigabe durch den Kunden bzw. Auftragserteilung.

  Jede Aktivität erhielt eine bestimmte Anzahl von Punkten (nach deren jeweiliger Bedeutung höhere und niedrigere Punktzahlen). Das Ziel des Key-Account-Managers bestand nun darin, über viele Projekte bzw. Aktivitäten möglichst viele Punkte zu sammeln und damit sein Punktziel zu erreichen bzw. möglichst überzuerfüllen. Vergütet wurden auf diese Weise die Erfolgstreiber und nicht die Endergebnisse, die zum Teil erst nach mehreren Jahren angefallen wären.
- *Persönliche Ziele:* Mit diesem Vergütungskriterium sollten Ziele vergütet werden, die speziell auf den einzelnen Mitarbeiter zugeschnitten wurden. Er sollte auf bestimmte Tätigkeiten gelenkt werden, die bislang von ihm tendenziell eher vernachlässigt wurden bzw. als ausbaufähig erachtet wurden. In diesem Rahmen konnten zwischen einem und drei Zielen vergütet werden, die sowohl „harte" Leistungskriterien betrafen (z. B. Ausbau wichtiger Produkte,

Durchführung von Kundenbindungsmaßnahmen etc.) als auch „weiche" Leistungskriterien (z. B. Pflege des CRM-Systems, Verbesserung des Produkt-Know-how, Erhöhung der akquisitorischen Kompetenzen etc.). Die „harten" Ziele konnten gemessen werden, die „weichen" Ziele mussten beurteilt werden. Insofern galt es, die „weichen" Ziele klar zu definieren, sodass sie nicht mehr interpretationsbedürftig waren und eine Beurteilung nach „Nasenfaktor" vermieden werden konnte (vgl. hierzu auch die Ausführungen in Abschn. 2.2.2).

- *Deckungsbeitrag Vertrieb gesamt:* Die Key-Account-Manager wurden darüber hinaus noch in ein Gesamtergebnis eingebunden, da ihre Tätigkeit als sehr vernetzt mit der Arbeit anderer Kollegen angesehen wurde. Der Blick über den eigenen „Tellerrand" hinaus sollte so geschärft werden.
- *Persönliche Leistungsbeurteilung:* Ein kleiner Teil der variablen Vergütung wurde verschiedenen Kompetenz- und Verhaltensaspekten gewidmet, um die Weiterentwicklung der Mitarbeiter zu thematisieren und durch eine variable Vergütungskomponente in ihrer Bedeutung zu erhöhen. Führung und Vergütung sollten dadurch noch enger vernetzt werden.

3.3.2 Produktmanager

Die Produktmanager des Unternehmens wurden erstmalig in eine variable Vergütung eingebracht, wobei der variable Einkommensanteil auf 20 % festgelegt werden konnte. Dabei wurden bislang fix vergütete Einkommensanteile variabilisiert (mit entsprechenden Übergangsregelungen und einer ausgesprochen attraktiven Ausgestaltung des Vergütungsmodells). Die Produktmanager hatten Verantwortung für die Pflege und Aktualisierung des Sortiments. Darüber hinaus waren sie (auch während der akquisitorischen Phase) in die Kundenprojekte der Key-Account-Manager eingebunden.

Die Produktmanager wurden mit folgenden Leistungskriterien vergütet:

- *Deckungsbeitrag mit Produkten in eigener Verantwortung:* Über dieses Vergütungskriterium sollte die Aktualität und Verkaufsfähigkeit des Sortiments abgedeckt werden, und zwar ganz bewusst über die Vergütung von Deckungsbeiträgen (und nicht Umsätzen). Dies begünstigt den Ausbau rentabler Produkte und solcher, die im Wettbewerb besser bestehen konnten.
- *Projektziele:* Diese wurden vor allem an die Neu- und Weiterentwicklung von bestimmten Produkten und Anwendungen geknüpft.

- *Punkte für Aktivitäten und Maßnahmen:* Punkte wurden vergeben für entsprechende Unterstützungen der Key-Account-Manager bei deren Akquisitionsarbeit in Kundenprojekten (vgl. hierzu die Ausführungen bei den Key-Account-Managern).
- *Deckungsbeitrag Vertrieb gesamt:* Dieses Kriterium wurde als teamorientiertes Vergütungskriterium im Sinne der engeren Vernetzung des gesamten Vertriebs eingebaut.
- *Persönliche Leistungsbeurteilung:* Zur Forcierung der Weiterentwicklung bzgl. der Kompetenzen der Produktmanager wurden ganz bewusst „weiche" Kriterien in die Vergütung einbezogen.

3.3.3 Vertriebsleiter

Die beiden Vertriebsleiter wurden erstmalig in eine variable Vergütung eingebracht, und zwar mit einem variablen Vergütungsanteil von 25 %. Dabei wurden wieder bislang fix vergütete Einkommensanteile variabilisiert (mit entsprechenden Übergangsregelungen und einem attraktiven Vergütungsmodell).

Folgende Leistungskriterien wurden vergütet (diese spiegeln wiederum einerseits die Bemühungen wider, die eigenen Mitarbeiter der Vertriebsleiter in ihrem Erfolg zu unterstützen, andererseits das Bestreben, spezifische Aufgaben der Führungskräfte in der Vergütung zu thematisieren):

- *Deckungsbeitrag des eigenen Vertriebsbereichs:* Dabei handelt es sich um den Deckungsbeitrag, der bereits den Key-Account-Managern bzw. den Produktmanagern vergütet wurde.
- *Deckungsbeitrag Vertrieb gesamt:* Der Vertriebsleiter sollte ganz bewusst in den Deckungsbeitrag des Gesamtvertriebs eingebunden werden, um den Blick für das Ganze zu unterstützen.
- *Projektziele:* Projektziele betrafen konkrete Maßnahmenpakete zum organisatorischen Aufbau neuer Marktsegmente, zur Einführung neuer Systeme und Methoden, zur Durchführung organisatorischer Änderungen etc.
- *Zielerreichung der eigenen Mitarbeiter im Bereich „Punkte für Aktivitäten und Maßnahmen":* Die Vertriebsleiter erhielten als Ziel die zu erreichende Gesamtpunktzahl ihrer Mitarbeiter. Dies sollte sicherstellen, dass sich die Vertriebsleiter für die Zielerreichung ihrer Mitarbeiter engagierten.
- *Persönliche Leistungsbeurteilung:* Zur Stärkung eigener Kompetenzen bei der Wahrnehmung der Führungsfunktionen wurde dieses Kriterium in die variable Vergütung einbezogen.

3.4 Vergütungsbeispiel Hersteller von elektrischen Bauteilen

Das Unternehmen strebte mit dem neuen variablen Vergütungssystem eine differenziertere Führung und Steuerung seiner Mitarbeiter im Außen- und Innendienst sowie seiner Führungskräfte an. Dies betraf einerseits Deckungsbeiträge, andererseits auch Produkt- und Kundenziele. Darüber hinaus sollte eine stärkere Vernetzung der Vergütungskriterien verschiedener Unternehmensbereiche erfolgen, beispielsweise von Vertrieb und Marketing, um interne Reibungsverluste abzubauen. Das Unternehmen wünschte sich ferner eine attraktivere Vergütung von Zielübererfüllungen. Die Wirksamkeit der variablen Vergütung sollte durch eine Ausweitung des variablen Einkommensanteils von bisher 10 auf 25 % vom Gesamteinkommen der betroffenen Mitarbeiter erhöht werden.

Es wurde ein Vergütungsmodell entwickelt, das die Mitarbeiter im Außendienst, im Innendienst, im Marketing sowie die Führungskräfte der Bereiche integrierte. Als Besonderheit ist dabei festzuhalten, dass das neue Vergütungsmodell äußerst attraktive Mehrvergütungen für Zielübererfüllungen anbot: Der Mitarbeiter konnte bei entsprechender Gutleistung bis zum Dreifachen seines variablen Vergütungsanteils verdienen, den er bei Zielerfüllung erhielt. Lag die Zielprämie für Zielerreichung also beispielsweise bei 15.000 EUR p. a., konnte der Mitarbeiter mit einem entsprechenden Spitzenergebnis bis zu 45.000 EUR verdienen. Die Mehr-Deckungsbeiträge rechtfertigten diesen markanten Einkommensanstieg.

3.4.1 Außendienstmitarbeiter

Die Außendienstmitarbeiter wurden bislang mit klassischen Provisionen auf eigene Umsätze vergütet.

Mit Einstieg in das neue Vergütungskonzept wurden folgende Leistungskriterien vergütet:

- *Auftragseingang im Außendienst-Gebiet:* Diese Größe sollte Aspekte wie Marktanteil und Produktionsauslastung abdecken. Die Größe „Auftragseingang" wurde bislang nicht vergütet (nur Umsätze), obwohl die Mitarbeiter stark nach diesem Kriterium geführt und gesteuert wurden.
- *Deckungsbeitrag mit Strategiekunden:* Dabei handelte es sich um die strategisch wichtigen Kundengruppen des Mitarbeiters, mit denen er ca. 60 bis 70 % seines Umsatzes und Ertrages abdeckte. In der variablen Vergütung

wollte man speziell diesen Aspekt nochmals aufgreifen, um hier mögliche Kundenabwanderungen einzudämmen.

- *Forcierung strategisch wichtiger Produkte:* Über dieses Kriterium sollten neue und renditestarke Produkte sowie langfristig bedeutsame Artikel gefördert werden. Vergütet wurde der Deckungsbeitrag mit diesen Produkten, um das Augenmerk der Mitarbeiter gleichzeitig auf gute Preise und Konditionen zu lenken.
- *Persönliche Ziele:* Hier sollten ausschließlich zählbare und messbare Leistungskriterien vergütet werden. Aus einem Pool denkbarer Vergütungskriterien konnten vom Vertriebsleiter eines oder zwei ausgewählt werden, die individuell für den Mitarbeiter als passend angesehen wurden (z. B. Neukunden-Akquise, Deckungsbeitrag in bestimmten Marktsegmenten, Ausbau bestimmter Potenzialkunden, Forcierung bislang vernachlässigter Produktbereiche etc.).
- *Persönliche Leistungsbeurteilung:* Im Hinblick auf die Entwicklung der Mitarbeiter-Kompetenzen sollten auch „weiche" Leistungskriterien in das Vergütungssystem eingebracht werden (vgl. hierzu Abschn. 2.2.2).

3.4.2 Innendienstmitarbeiter

Die Innendienstmitarbeiter waren bestimmten Außendienstmitarbeitern zugeordnet (organisatorische Team-Struktur). Sie erhielten bislang eine Provision auf den Deckungsbeitrag dieses Teams. Der variable Einkommensanteil der Innendienstmitarbeiter lag im alten Vergütungssystem bei 15 % und sollte beibehalten werden.

Mit Umstieg auf das neue Vergütungssystem wurden folgende Leistungskriterien vergütet, die eine hohe Vernetzung mit den Leistungskriterien der Außendienstmitarbeiter aufwiesen:

- *Auftragseingang des Teams aus Außendienst und Innendienst*
- *Deckungsbeitrag der Strategiekunden im Team*
- *Forcierung strategisch wichtiger Produkte*
- *Anteil realisierter Terminvereinbarungen für die Außendienstmitarbeiter:* Eine wesentliche Aufgabe der Innendienstmitarbeiter bestand darin, Kundentermine für die Außendienstmitarbeiter zu vereinbaren; dabei sollte die Qualität dieser Terminvereinbarungen durch das Verhältnis von realisierten zu vereinbarten Terminen gemessen werden.
- *Persönliche Leistungsbeurteilung:* Dieses Vergütungskriterium wurde zum Ausbau der Mitarbeiter-Kompetenzen (vgl. hierzu Abschn. 2.2.2) eingefügt.

3.4.3 Mitarbeiter Marketing

Die Mitarbeiter im Bereich Marketing wurden in folgende Vergütungskriterien eingebunden (Ziel war eine enge Vernetzung der Vergütungskriterien mit denen der Verkäufer):

- *Auftragseingang:* Vergütet wurde der Auftragseingang des Unternehmens im Planungszeitraum.
- *Deckungsbeitrag:* Vergütet wurde der Deckungsbeitrag des Gesamtvertriebs im Planungszeitraum.
- *Projektziele:* Vergütet wurden Projekte beispielsweise hinsichtlich der Vermarktung bestimmter Produkte, der Erstellung von Werbekonzepten etc.
- *Rücklaufquote auf Messeveranstaltungen und Werbemaßnahmen:* Vergütet wurde die Responsequote auf Basis der anlässlich der Messen kontaktierten Kunden.
- *Persönliche Leistungsbeurteilung:* Zur Verbesserung/Entwicklung der Mitarbeiter-Kompetenzen.

3.4.4 Vertriebsleiter

Die beiden Vertriebsleiter wurden mit folgenden Leistungskriterien in das Führungs- und Vergütungssystem eingebracht (hier war wiederum ein Mix aus solchen Vergütungskriterien angedacht, die die Führungskraft mit der Tätigkeit ihrer Mitarbeiter vernetzten, und solchen, die spezielle Aufgaben der Führungskraft widerspiegelten):

- *Auftragseingang:* Im jeweiligen Verantwortungsbereich der eigenen Mitarbeiter.
- *Deckungsbeitrag mit Strategiekunden:* Es wurden die Deckungsbeiträge der eigenen Mitarbeiter vergütet, die diese mit strategisch wichtigen Kunden durchführten.
- *Deckungsbeitrag Vertrieb gesamt:* Zur Schärfung der ganzheitlichen Sicht.
- *Projektziele:* Zur Durchführung von Entwicklungsmaßnahmen in der Abteilung, wie beispielsweise der Einführung neuer Instrumente und Methoden, der Umstrukturierung der Abteilung, Kostensenkungsprogramme etc.
- *Persönliche Leistungsbeurteilung:* Zur Qualifizierung der Führungskompetenzen der Vertriebsleiter.

3.5 Vergütungsbeispiel Annoncengeschäft eines Verlags

In diesem Beispiel soll ein variables Vergütungssystem beleuchtet werden, das für die Außendienstmitarbeiter, Innendienstmitarbeiter und Führungskräfte im Annoncengeschäft eines größeren Zeitungsverlags eingerichtet wurde.

Die Ziele, die das Unternehmen mit der Einführung des neuen Vergütungssystems verfolgte, ähnelten den Zielen in den bereits dargestellten Fallbeispielen:

- Mehr Selbststeuerung der Mitarbeiter im Sinne der eigentlichen Unternehmensziele.
- Mehr Motivation zu anspruchsvollen Leistungen.
- Einbindung der Innendienstmitarbeiter und Führungskräfte in die variable Vergütung zur Stärkung des Teamdenkens.
- Leistungsgerechtere Vergütung der Mitarbeiter: stärkere Einkommensdifferenzierung zwischen Gut-Performern und Schwach-Performern.
- Mehr Kostenflexibilisierung im Unternehmen durch Einbindung zahlreicher Mitarbeiter in die variable Vergütung.
- Verbesserung der Ertragssituation des Unternehmens.

Zum Zeitpunkt der Umstellung auf das neue Vergütungssystem erhielten die fest angestellten Medienberater neben ihrem Fixeinkommen eine Umsatzprovision, wobei der variable Einkommensanteil bis zu 60 % des Gesamteinkommens ausmachte, was arbeitsrechtlich äußerst fragwürdig war. Die Handelsvertreter erhielten eine reine Umsatzprovision. Innendienstmitarbeiter und Führungskräfte wurden bis dato ausschließlich fix vergütet.

Mit Umstellung auf das neue Vergütungssystem sollten für die Reisenden aus arbeitsrechtlicher Sicht zulässige variable Einkommensanteile eingerichtet werden. Gleichzeitig sollte die variable Vergütung „spannender" werden und Mehrleistungen besser belohnen. Die Handelsvertreter sollten ebenfalls in eine zielorientierte variable Vergütung eingebunden werden, die mehr Anreiz bieten und die eigentlichen Ziele des Vertriebs differenziert vergüten sollte. Die Innendienstmitarbeiter und Führungskräfte sollten erstmalig in eine variable Vergütung eingebunden werden, und zwar mit einem variablen Einkommensanteil von 20 bzw. 30 %. Entsprechende Übergangsregelungen wurden eingerichtet. Das neue Vergütungsmodell wurde ausgesprochen attraktiv gestaltet, um die Akzeptanzbereitschaft seitens der Mitarbeiter zu fördern.

3.5.1 Fest angestellte Medienberater

Die Annoncenverkäufer im Außendienst erhielten (anstelle des ursprünglich 60-prozentigen variablen Einkommensanteils) einen variablen Einkommensanteil von 30 %, der aber enorme Steigerungsmöglichkeiten bei entsprechender Gutleistung aufwies: Der Mitarbeiter konnte im besten Fall sein variables Einkommen binnen eines Jahres verdoppeln. Damit konnten bei kleinerem variablem Einkommensanteil (als bisher) Mehrleistungen deutlich attraktiver vergütet werden (aufgrund des Ersatzes einer „langweiligen" Provision durch „spannend" gestaltete Zielprämien).

Die Medienberater wurden mit folgenden Leistungskriterien vergütet:

- *Umsatz des Mitarbeiters:* Dabei handelte es sich um die Summe aller Netto-Umsätze im Verkaufsgebiet des Medienberaters.
- *Preisniveau der getätigten Umsätze:* Es wurde die Abweichung der den Kunden eingeräumten Preise zum Listenpreis gemessen und vergütet.
- *Forcierung bestimmter Rubriken und Themen:* Der Verkauf rentabler Sonderbeilagen oder Spezialthemen, die das Unternehmen aus strategischer Sicht ausbauen wollte, wurde über den Umsatz dieser Bereiche vergütet.
- *Forcierung bestimmter Kunden:* Es wurden Neukunden oder Großkunden mit langfristigen Abschlüssen bzw. Daueraufträgen über deren Umsätze vergütet.
- *Durchschnittsgröße der verkauften Annoncen:* Damit sollte die Qualität und vor allen Dingen die Rentabilität der verkauften Annoncen gefördert werden.
- *Persönliche Leistungsbeurteilung:* Damit sollte die Verbesserung der Mitarbeiter-Kompetenzen thematisiert werden.

3.5.2 Handelsvertreter

Die Medienberater, die als Handelsvertreter tätig waren, wurden ebenfalls in das Zielprämiensystem eingebunden. Sie erhielten nach wie vor eine Umsatzprovision zur Absicherung gegen Einkommenseinbrüche. Der Provisionssatz wurde allerdings abgesenkt, um Raum für Zielprämien zu schaffen, mit denen differenziert geführt und gesteuert werden konnte und mithilfe derer Mehr- und Besserleistungen lohnender vergütet werden konnten.

Die Handelsvertreter wurden im Zielprämienbereich mit den gleichen Leistungskriterien vergütet wie die fest angestellten Medienberater. Der Zielprämienanteil am (variablen) Gesamteinkommen der Handelsvertreter wurde auf 30 % festgelegt.

3.5.3 Innendienstmitarbeiter

Bei den Innendienstmitarbeitern der Anzeigenbüros, die erstmalig variabel vergütet werden sollten (variabler Einkommensanteil von 20 %), handelte es sich um Telefonverkäufer, die aktiv (outbound-orientiert) Akquisetätigkeiten ausübten. Von diesen Mitarbeitern wurden eigene Vertriebsgebiete betreut, ebenso wurden eingehende Aufträge bearbeitet und erfasst.

Die Innendienstmitarbeiter wurden nach folgenden Leistungskriterien vergütet:

- *Umsatz des Mitarbeiters:* Vergütet wurden telefonisch akquirierte Umsätze der betreuten Kunden bzw. Gebiete.
- *Umsatz Vertrieb gesamt:* Hierbei handelte es sich um ein Vergütungskriterium zur Berücksichtigung der Tatsache, dass der Innendienstmitarbeiter nicht nur seine eigenen Kunden zu betreuen hatte, sondern auch Stellvertreterfunktionen wahrnehmen musste.
- *Preisniveau der getätigten Umsätze:* Hierbei handelte es sich um ein ertragsorientiertes Vergütungskriterium, gemessen wiederum in der Abweichung zwischen tatsächlich realisiertem Preis und Listenpreis.
- *Durchlaufzeit der Aufträge durch die Erfassung:* Vergütet wurde die Beschleunigung der Bearbeitungszeiten und die Verkürzung der Kunden-Wartezeiten.
- *Persönliche Leistungsbeurteilung:* Die persönlichen Kompetenzen der Mitarbeiter sollten über dieses Führungs- und Vergütungskriterium gestärkt werden.

3.5.4 Vertriebsleitung

Der Vertriebsleiter hatte das Vertriebsteam zu führen und betreute darüber hinaus eigene Key-Accounts. Er wurde erstmalig in einen variablen Vergütungsanteil (in Höhe von 30 % vom Gesamteinkommen) eingebunden. In seinen Vergütungskriterien spiegelte sich ein Mix aus eigenen Aufgaben und solchen Ergebnissen wider, die den Erfolg der eigenen Mitarbeiter thematisierten:

- *Umsatz mit eigenen Key-Accounts*
- *Umsatz Vertrieb gesamt*
- *Deckungsbeitrag Vertrieb gesamt*
- *Forcierung strategisch wichtiger Kunden:* Es handelte sich um die Umsätze, die in einer benannten und bedeutsamen Kundengruppe erzielt wurden.

- *Projektziele:* Hierüber sollte die Entwicklung neuer Produkte, die Einführung neuer Systeme und Strukturen, der Aufbau neuer Marktsegmente etc. vorangetrieben werden.
- *Persönliche Leistungsbeurteilung:* Über dieses Vergütungskriterium sollten die Führungskompetenzen des Mitarbeiters beurteilt und vergütet werden.

3.6 Vergütungsbeispiel Dienstleistungsunternehmen

Das hier dargestellte Unternehmen berät und führt Werbemaßnahmen für andere Unternehmen durch. Hierzu zählten klassische Werbung in Printmedien wie auch im Online-Bereich.

Die Aufgabe der Verkaufsberater bestand darin, Kunden einer bestimmten Region zu betreuen, wobei diese Funktion vornehmlich telefonisch wahrgenommen wurde. Es mussten Werbeprojekte identifiziert und kundenspezifische Lösungen entwickelt werden.

Die Aufgabe des Innendienst-Service bestand darin, die entsprechenden Aufträge/Projekte abzuwickeln. Dazu zählte auch der Einkauf von Leistungen Dritter, die in das Projekt eingebaut werden mussten. Die Mitarbeiter im Innendienst-Service waren zwar einzelnen Verkaufsberatern zugeordnet (und wickelten die Aufträge dieser Verkaufsberater ab), waren aber gleichzeitig mit übergreifenden Aufgaben in das gesamte Innendienst-Team integriert. Kleinaufträge (mit C-Kunden) wickelte das Innendienst-Team direkt (und ohne Einbindung der Verkaufsberater) ab.

Dem Vertriebs- und Marketingleiter oblag die Führung der Mitarbeiter, die Entwicklung neuer Werbe- und Marketingkonzepte sowie die mediale Darstellung des Unternehmens nach außen.

Sämtliche Mitarbeiter wurden bis dato ausschließlich fix vergütet. Die Einführung eines variablen Vergütungsanteils erfolgte durch Umwandlung bisher fixer Einkommensanteile in variable. Um die Akzeptanz des neuen Vergütungssystems zu fördern, erhielten die Mitarbeiter eine Einkommenserhöhung von ca. 6 %, die in den variablen Einkommensanteil eingerechnet wurde. Die variablen Einkommensanteile der Mitarbeiter bewegten sich zwischen 30 % für die Verkaufsberater, 15 % für den Innendienst-Service und 25 % für den Leiter Vertrieb und Marketing.

Mit Einführung des neuen variablen Vergütungssystems strebte das Unternehmen an,

- die Mitarbeiter einkommensmäßig über ihre Leistungen zu differenzieren. Tarifdenken sollte ersetzt werden durch Leistungsorientierung. Leistungsstarke Mitarbeiter sollten spürbar mehr verdienen als leistungsschwache Mitarbeiter,
- eine deutliche Motivation zu Spitzenleistungen auf zubauen,
- das unternehmerische Denken der Mitarbeiter weiterzuentwickeln und damit die Ertragssituation des Unternehmens zu verbessern,
- die Mitarbeiter stärker in die Vertriebsziele des Unternehmens einzubinden,
- die interne Kommunikation stärker an den Zielen des Unternehmens zu orientieren,
- über die leistungsorientierte Vergütung der Vertriebsmitarbeiter den Einstieg in die variable Vergütung weiterer Mitarbeiterbereiche zu finden (z. B. in den Bereichen Produktion und Verwaltung sowie Einkauf),
- über die variable Vergütung eine hohe Attraktivität zur Gewinnung neuer Mitarbeiter auf zubauen,
- das Unternehmen insgesamt zu stärken, damit Krisensituationen zukünftig besser bewältigt werden konnten.

3.6.1 Verkaufsberater

Der 30-prozentige variable Einkommensanteil der Verkaufsberater (mit Außendienst-Funktion) wurde mit folgenden Leistungskriterien bestritten:

- *Deckungsbeitrag:* Es wurden die Deckungsbeiträge aus sämtlichen Kundenumsätzen vergütet, und zwar nach Abzug aller Kosten der Kundenprojekte.
- *Neukundengewinnung:* Vergütet wurde die Erreichung einer bestimmten Anzahl von Neukunden mit einem Auftragswert von mindestens X Euro.
- *Deckungsbeitrag mit neuen Produkten:* Über dieses Vergütungskriterium sollten Altkunden an das Unternehmen gebunden werden.
- *Verbesserung der Kundenstruktur:* Damit sollten Kunden gefördert werden, die bereit waren, langfristige Werbeverträge abzuschließen, und solche Kunden, die eine Mehrprodukt-Strategie führten.
- *Werbeprojekte mit einem Auftragsvolumen größer X Euro:* Solche Projekte galten als profitabel und damit förderungswürdig. Vergütet wurde der Deckungsbeitrag dieser Projekte.

3.6.2 Innendienst-Service

Die Vergütungskriterien der Mitarbeiter im Innendienst-Service ergaben sich auf der Basis der verschiedenen Aufgaben und Team-Verantwortlichkeiten dieser Mitarbeiter (vgl. die Ausführungen weiter oben):

- *Deckungsbeitrag der zugeordneten Verkaufsberater:* Dabei handelt es sich um das Ergebnis des Außendienst-Innendienst-Teams.
- *Deckungsbeitrag Vertrieb gesamt:* Vergütet wurde damit das Ergebnis der teamübergreifenden Aufgaben des Service-Mitarbeiters, wie zum Beispiel Wahrnehmung von Stellvertretungen etc.
- *Deckungsbeitrag mit C-Kunden des Innendienstmitarbeiters:* Vergütet wurden die Deckungsbeiträge, die der Innendienstmitarbeiter direkt mit Kleinkunden tätigte, und zwar ohne Einbindung der Verkaufsberater.
- *Durchlaufzeit der Aufträge durch die Abteilung:* Vergütet wurde die Beschleunigung der Auftragsabwicklung, gemessen an der durchschnittlichen Durchlaufzeit der Aufträge durch die Abteilung.
- *Bearbeitetes Auftragsvolumen:* Damit sollte eine Steigerung der Effektivität im Innendienst erfolgen und die Einstellung zusätzlicher Mitarbeiter möglichst vermieden werden.

3.6.3 Vertriebs- und Marketingleiter

In den Vergütungskriterien des Vertriebs- und Marketingleiters spiegelte sich zum einen der Aspekt wider, dass eine variable Vergütung die Leistungen seiner Mitarbeiter aufgreifen muss, andererseits auch die eigenen Aufgaben als Führungskraft. Dementsprechend wurde der Vertriebs- und Marketingleiter mit folgenden Leistungskriterien vergütet:

- *Deckungsbeitrag Vertrieb gesamt:* Das Vergütungskriterium entspricht der Gesamtverantwortung der Führungskraft.
- *Deckungsbeitrag mit neuen Produkten:* Aufgabe der Führungskraft war es, neue Produkte auf zubauen und über seine Mitarbeiter in den Markt zu bringen.
- *Werbeprojekte mit Auftragsvolumen größer X Euro:* Dies betraf größtenteils Aufträge von Key-Accounts, in die die Führungskraft direkt involviert war.
- *Projektziele Kategorie 1:* Zur Entwicklung neuer Produkte und Werbekonzepte für Kunden sowie zur Einführung neuer Maßnahmen und Strukturen in der eigenen Abteilung.

- *Projektziele Kategorie 2:* Zur Entwicklung von Marketingmaßnahmen für das eigene Unternehmen.

Dieses Kapitel mit seinen insgesamt sechs Fallbeispielen soll dabei helfen, die Vorstellungen hinsichtlich der Ausgestaltung eines eigenen Vergütungssystems beim Leser zu konkretisieren. Die hier dargestellten Unternehmen berichten von nachhaltigen Erfolgen, die sich mit der Anwendung des neuen Vergütungssystems eingestellt haben. Die angestrebten Ziele ließen sich weitestgehend realisieren. Die Ertragssituation der Unternehmen verbesserte sich spürbar.

Im nächsten Kapitel soll der Prozess der Einführung eines neuen Vergütungssystems näher beleuchtet werden.

3.7   Vergütungsbeispiel Softwarehersteller

Bei dem hier betrachteten Softwarehersteller handelt es sich um einen Anbieter von ERP-Softwarelösungen für unterschiedliche Branchen. Es werden anspruchsvolle Lösungen für die Prozess- und Unternehmenssteuerung angeboten. Das Unternehmen zählt zu den führenden seiner Branche weltweit.

Der Vertrieb des Unternehmens wird mit Key Account Managern bestritten, die jeweils für bestimmte Branchen verantwortlich zeichnen. Die Key Account Manager ihrerseits berichten an Vertriebsleiter, die ebenfalls für bestimmte Branchen und Marktsegmente Verantwortung tragen. Die Vertriebsmannschaft wird von Produktmanagern unterstützt, die ihrerseits für die Weiterentwicklung bestehender Softwarelösungen und für die Entwicklung neuer Softwarelösungen verantwortlich sind. Dem Gesamtvertrieb steht ein Geschäftsführer Vertrieb vor.

Die Vergütungssituation vor Umstellung auf das neue Vergütungssystem war gekennzeichnet durch Fixeinkommen. Eine variable Komponente war lediglich beim Geschäftsführer Gesamtvertrieb angesiedelt, die vom Unternehmensergebnis abhängig war. Die bestehende Vergütung wurde als eher „langweilig" empfunden. Die Einkommensdifferenz zwischen High Performern und Low Performern war zu gering. Es bestand ein Mangel an klaren Zielen. Darüber hinaus wurde ein Mangel an Dynamik im Vertrieb beklagt.

Die Absichten, die im Unternehmen mit dem neuen variablen Vergütungssystem verfolgt wurden, lauteten:

- Eine engere Vernetzung zwischen Key Account Managern, Vertriebsleitung und Produktmanagement; eine schnellere Versorgung des Vertriebs mit Produkten und Kundenlösungen.

- Die Installierung einer Vergütungskomponente, die mit der Leistung des Mitarbeiters mitgeht, sodass eine höhere Leistungsgerechtigkeit in die Vergütung Einzug hält. Die High Performer sollten sich in ihrem Einkommen von den Low Performern spürbar abheben.
- Eine bessere Einbindung der verschiedenen Vertriebsbereiche in die eigentlichen Ziele des Unternehmens bzw. des Vertriebs.
- Eine bessere Führung und Steuerung der Mitarbeiter in den verschiedenen Vertriebsbereichen nicht nur über Ergebnisse (wie Umsatz und Deckungsbeitrag), sondern über Aktivitäten, die als Erfolgstreiber wirken.
- Eine Steigerung der Motivation aller Mitarbeiter des Vertriebs im Hinblick auf mehr Engagement und Einsatz.

3.7.1 Key Account Manager

Die bislang rein fix vergüteten Key Account Manager sollten schrittweise auf eine variable Vergütungskomponente umgestellt werden. In einer ersten Phase sollten sie einen Teil ihres Fixums (8 %) in die zukünftige variable Komponente einlegen, die Mitarbeiter erhielten in diesem Fall vom Unternehmen eine Zulage in Höhe von 6,5 % (des vorherigen Einkommens), wobei diese Zulage in den variablen Einkommensanteil eingebracht wurde. So starteten die Mitarbeiter gleich mit einem variablen Anteil von 14,5 % des gesamten Einkommens. Darüber hinaus bestand die Wahlmöglichkeit, 10 % oder mehr des Fixums in die variable Vergütung einzulegen, wobei sich das Unternehmen in diesen Fällen ebenfalls nochmals mit Zulagen für den variablen Teil des Einkommens engagierte. So konnten die Mitarbeiter je nach Risikoneigung auf einen variablen Anteil von bis zu 22 % kommen. Die Mitarbeiter waren für eine Übergangszeit von zwei Jahren gegen Einkommenseinbrüche geschützt: Damit konnten sie zunächst mit dem neuen Vergütungsmodell bereits mehr verdienen, aber nicht weniger als mit dem ehemaligen Fixum. Dies förderte die Akzeptanz des neuen Vergütungssystems durch die Mitarbeiter nachhaltig.

In einer zweiten Phase wurden die regulären Gehaltserhöhungen der Folgejahre stärker dem variablen Einkommensteil zugerechnet als dem fixen. Dies führte dazu, dass die Key Account Manager nach ca. drei Jahren über variable Einkommensanteile verfügten, die zwischen 20 und 28 % vom jeweiligen Gesamteinkommen lagen.

Folgende Vergütungskriterien wurden in die variable Vergütungskomponente der Key Account Manager eingebracht:

- *Auftragseingang des Mitarbeiters:* Über dieses Zielkriterium soll der Marktanteil des Unternehmens stabilisiert werden und die Beschäftigung für die Software-Ingenieure auf hohem Niveau gehalten werden.
- *Deckungsbeitrag des Mitarbeiters:* Der Deckungsbeitrag des Mitarbeiters wird nicht nach Abschluss des Projekts ermittelt, sondern auf der Basis einer gesicherten Vorkalkulation. Die Key Account Manager sind nicht bis zum Ende des Projekts involviert, deshalb möchte man den Deckungsbeitrag bewusst in dem Monat vergüten, in dem der Key Account Manager den Auftrag abgeschlossen hat (unmittelbares Feedback auf den Erfolg).
- *Deckungsbeitrag Gesamtvertrieb:* Es wird ein Deckungsbeitrag II nach Kosten des gesamten Vertriebs vergütet. In diesen Deckungsbeitrag II sind sämtliche Vertriebsmitarbeiter eingebunden (Key Account Manager, Vertriebsleiter, Produktmanager). Ziel ist es, die Teamorientierung der Mannschaft durch dieses Vergütungskriterium zu fördern.
- *Aktivitäten:* Im Rahmen der zielorientierten Vergütung sollen auch Maßnahmen vergütet werden, die auf Seiten der Key Account Manager im alten Vergütungssystem tendenziell vernachlässigt wurden, jedoch für den langfristigen Erfolg des Unternehmens von großer Bedeutung sind, wie z. B. anspruchsvolle Präsentationen beim Kunden, Lead-Generierung, Durchführung von Potenzialanalysen von Kunden oder Produkten, Durchführung von Ausschreibungen etc. Auch der zeitliche Einsatz für strategisch wichtige Produkt- und Marktthemen soll hier belohnt werden.
- *Erzielte Renditen für Servicearbeiten beim Kunden:* Servicearbeiten stellen einen nennenswerten Anteil am Umsatz und Ertrag des Unternehmens dar. Derartige Servicearbeiten wurden vor Einführung des neuen Vergütungssystems eher zu schlechten Renditen verkauft. Deshalb soll die Aufmerksamkeit der Key Account Manager auf dieses Thema gelenkt werden.
- *Persönliche Leistungsbeurteilung:* Über dieses Vergütungskriterium sollen die Kompetenzen des Mitarbeiters ganz gezielt entwickelt werden, um die Grundlage für zukünftige Erfolge zu verbessern. Dabei geht es um Aspekte wie die Pflege des CRM-Systems durch den Mitarbeiter, die rasche und fehlerfreie Abwicklung von Aufträgen, die IT-Kompetenzen des Mitarbeiters, seine Kenntnisse der Kosten-Nutzen-Argumentation etc.

3.7.2 Branchen-Vertriebsleiter

Die Key Account Manager ihrerseits berichten den branchenbezogenen Vertriebsleitern, die mit Umstellung auf das neue Vergütungssystem ebenfalls erstmalig in eine variable Vergütung einbezogen wurden. Dabei wurde das gleiche Umstiegsmodell gewählt wie bei den Key Account Managern: Die Führungskraft gab vom eigenen Fixum etwas in die variable Vergütung, das Unternehmen legte einen Beitrag „on top". Auch hier konnte der Mitarbeiter zwischen unterschiedlichen Chance/Risiko-Profilen wählen: Je „mutiger" er auf Fixum verzichtete, desto mehr legte das Unternehmen zusätzlich in den variablen Einkommensanteil ein. Parallel waren die Vertriebsleiter zwei Jahre gegen Einkommenseinbrüche geschützt und konnten in dieser Zeit nur zusätzlich verdienen, aber nicht weniger als das vorherige Fixum.

Die Vergütungskriterien der Vertriebsleiter setzten sich im Wesentlichen aus vier Elementen zusammen:

- *Eine Abbildung der Vergütungskriterien ihrer Mitarbeiter* (z. B. Auftragseingang sämtlicher Key Account Manager in Verantwortung, Deckungsbeitrag seines Teams, Deckungsbeitrag Gesamtvertrieb, Aktivitäten seiner Mitarbeiter). Dies soll sicherstellen, dass die Führungskraft die Mitarbeiter dabei unterstützt, ihre Ziele zu erfüllen.
- *Ziele zu Strategiethemen* (wie z. B. die Forcierung neuer Produkte, Zielkunden oder Marktsegmente).
- *Ziele, die die spezielle Verantwortung der Führungskraft widerspiegeln* (z. B. Teilhabe an unternehmensinternen Projektzielen, Führungskompetenz etc. des Vertriebsleiters als „weiche" Beurteilungskriterien).
- *Beteiligung am Unternehmensertrag.* Während die Key Account Manager im Rahmen eines Teamkriteriums in den Gesamt-Deckungsbeitrag des Vertriebs eingebunden werden, auf den sie noch einen gewissen Einfluss ausüben können, sollen die Vertriebsleiter in das Unternehmensergebnis (vor Steuern) eingebunden werden, worin sich ihre Führungsverantwortung widerspiegeln soll. Es gilt das Prinzip, jeden Mitarbeiter, jede Führungskraft mit einem Vergütungskriterium zu vergüten, das am Ergebnis der nächsthöheren Hierarchieebene festmacht.

3.7.3 Produktmanager

Die Aufgabe der Produktmanager besteht in der Koordination der Entwicklung neuer Produkte bzw. in der Weiterentwicklung bestehender Produkte (in der Funktion von Projektmanagern), ebenso in der produktnahen Unterstützung der Key Account Manager und der Vertriebsleiter beim Kunden. Auch die Produktmanager waren bis dato rein fix vergütet. Um den variablen Anteil am

Einkommen der Mitarbeiter aufzubauen, wurde den Mitarbeitern eine dauerhafte Zusatzvergütung gewährt, wenn sie bereit waren, einen Teil ihres Fixums in die variable Vergütung einzubringen (siehe Abschn. 3.7.1). Auch hier konnten die Mitarbeiter zwischen unterschiedlichen Chance/Risiko-Profilen wählen. Gleichzeitig waren auch die Produktmanager einkommensmäßig für zwei Jahre auf der Basis ihres ehemaligen Fixums abgesichert (als Mindesteinkommensgarantie).

Folgende Leistungskriterien wurden hier für die variable Vergütung ausgewählt:

- *Projektziele:* Dabei handelt es sich im Wesentlichen um Ziele für interne Entwicklungsprojekte. Solche Projekte stellen stets komplexe Maßnahmenbündel dar, die bis zu einem bestimmten Termin abgeschlossen sein müssen und ein vorgegebenes Kostenbudget nicht überschreiten sollten. Der Terminaspekt und der Kostenaspekt können gezählt und gemessen werden. Die Qualität der Umsetzung des Projekts ist dagegen „weich" und muss beurteilt werden.
- *Aktivitäten:* Ziele für Aktivitäten bei den Produktmanagern beinhalten z. B. Teilnahme an Messen, das Halten von Vorträgen bei Kunden-Veranstaltungen, die Durchführung von Präsentationen bei Kunden, die Veröffentlichung von Artikeln in Fachzeitschriften, Beiträge zum Firmen-Kundenmagazin etc. Mithilfe dieser Ziele will das Unternehmen bewirken, die Produktmanager näher an die Kunden heranzuführen.
- *Deckungsbeitrag Produktbereich:* Die Produktmanager werden über die variable Vergütung in den Deckungsbeitrag ihres Verantwortungsbereichs/Produktbereichs eingebunden. Diesen können sie vielfältig beeinflussen: z. B. über die „Bändigung" der Entwicklungskosten, über die Marktattraktivität der neu entwickelten oder überarbeiteten Produkte, über eine ertragssichernde Preisstellung etc.
- *Deckungsbeitrag Gesamtvertrieb:* Die Produktmanager werden (wie die Key Account Manager und die Vertriebsleiter) in ein Teamkriterium eingebunden, um das ganzheitliche Denken zu fördern und Interesse über den eigenen „Tellerrand" hinaus zu wecken.
- *Persönliche Leistungsbeurteilung:* Hierbei handelt es sich wieder um Kompetenzkriterien und Entwicklungsziele, die dem Mitarbeiter helfen sollen, den langfristigen Erfolg ins Auge zu fassen und sich entsprechend weiterzuentwickeln.

3.7.4   Geschäftsführer Vertrieb

Der Geschäftsführer Vertrieb war im Rahmen der Neueinführung des leistungsbezogenen Vergütungssystems der Einzige, der bereits vorher über eine variable Vergütung verfügte. Diese bestand allerdings ausschließlich aus einer Gewinnbeteiligung/Tantieme, bezogen auf das Gesamtunternehmen. Der variable Einkommensanteil des Geschäftsführers Vertrieb lag bei knapp 30 % vom Gesamteinkommen und sollte beibehalten werden. Anlässlich der Konzipierung des neuen Vergütungssystems war man einhellig der Meinung, dass die ausschließliche Vergütung einer Tantieme nicht den vielfältigen Aufgaben und Verantwortungen des Geschäftsführers Vertrieb gerecht würde. Deshalb wurden folgende Vergütungskriterien installiert:

- *Projektziele:* Für die Umsetzung konkreter Projekte auf Geschäftsführer-Ebene (z. B. für den Aufbau eines neuen Marktsegments, für die Durchführung struktureller Änderungen im Verantwortungsbereich etc.). Es werden regelmäßig zwei bis drei Projektziele vergütet.
- *Deckungsbeitrag mit neuen Produkten bzw. in strategisch wichtigen Zielgruppen und Marktsegmenten:* Konkrete strategische Ziele des Unternehmens sollen hier zum Ausdruck kommen. Diese spiegeln sich ebenso in den Vergütungskriterien der Key Account Manager, der Vertriebsleiter und der Produktmanager wider.
- *Deckungsbeitrag Vertrieb gesamt:* Vergütet wird ein Deckungsbeitrag nach sämtlichen Sach- und Personalkosten des Vertriebs.
- *Unternehmensertrag/Konzernergebnis:* Als Einbindung des Geschäftsführers Vertrieb in das Ergebnis der nächsthöheren Hierarchieebene.

Das Unternehmen berichtet, dass die Führung und Steuerung des Vertriebs durch das neue Vergütungssystem auf allen Ebenen deutlich erleichtert wurde und sich Erfolge klarer und konsequenter einstellen. Die Fokussierung auf den Deckungsbeitrag in der Vergütung half, Mitarbeiter und Führungskräfte auf dieses Thema zu konzentrieren und bewirkte, dass sich die Rentabilität des Unternehmens ausgesprochen positiv entwickelte.

3.8 Vergütungsbeispiel Sondermaschinenbau

Im Maschinenbau, speziell im Sondermaschinenbau, war es bislang eher unüblich, variabel zu vergüten. Dies lag einerseits daran, dass das Geschäft in dieser Branche eine extreme Volatilität aufweist, andererseits an dem Missverständnis, dass im Vertrieb stets Größen wie Auftragseingang, Umsatz oder Deckungsbeitrag vergütet werden müssten.

Ein Beispiel aus der Praxis soll dies verdeutlichen: Im Maschinenbau erreicht ein Vertriebsingenieur in einem Jahr evtl. einen Auftragseingang von 5 Mio. EUR, im nächsten Jahr vielleicht nur noch einen Auftragseingang von 0,5 Mio. EUR, ohne deswegen weniger engagiert oder weniger erfolgreich tätig gewesen zu sein. Wollte man jetzt Größen wie Auftragseingang, Umsatz oder Deckungsbeitrag vergüten, würde sich ein Mitarbeiter-Einkommen ergeben, das weitgehend von Zufälligkeiten geprägt ist statt von der tatsächlichen Leistung des Mitarbeiters.

Hier wird deutlich, dass mit den klassischen Vergütungskriterien (wie Auftragseingang etc.) nicht viel auszurichten ist. Sie dürfen in das Vergütungssystem der Mitarbeiter durchaus aufgenommen werden, haben aber nur begleitenden Charakter. Den Kern des Vergütungssystems müssen dort Leistungskriterien bilden, die an gewünschten Aktivitäten und Maßnahmen des Mitarbeiters festmachen und als Erfolgstreiber wirken. Aktivitäten/Maßnahmen können weitgehend unabhängig von der jeweiligen Konjunkturlage erbracht werden. Im Grunde geht es bei der Vergütung solcher Aktivitäten bzw. alternativen Messgrößen darum, aktuell die richtigen Weichen für mittelfristigen Erfolg zu stellen. Der Grundgedanke ist: Werden viele solcher Weichen gestellt und die richtigen nachhaltig verfolgt, kann mittelfristig Erfolg „nicht verhindert" werden.

Das hier betrachtete Unternehmen baut Maschinen für die Textilindustrie. Folgende Mitarbeiterbereiche sollten in die variable Vergütung einbezogen werden:

- *Vertriebsingenieure* mit direktem Kundenkontakt und der Verantwortung für Auftragseingang, Umsatz und Deckungsbeitrag
- *Regionalvertriebsleiter,* an die die Vertriebsingenieure berichten
- *Innendienstmitarbeiter Angebotsabteilung* mit der Verantwortung, die Tätigkeiten für die Angebote im Unternehmen zu koordinieren (z. B. mit Konstruktion und Versuchsabteilung/Anwendungstechnik) und für den rechtzeitigen Ausgang der Angebote zu sorgen
- *Produktmanager* mit Produktverantwortung und vertriebsunterstützenden Aufgaben
- *Mitarbeiter Versuchsabteilung* mit der Aufgabe, sowohl im Vorfeld der Angebotserteilung als auch nach Auftragseingang durch entsprechende Materialversuche dafür Sorge zu tragen, dass Aufträge erteilt werden bzw. dass Maschinen und Anlagen, die beauftragt wurden, richtig ausgelegt werden
- *Mitarbeiter Konstruktion* mit der Aufgabe, Kundenwünsche in bezahlbare Lösungen umzusetzen
- *Projektmanager* mit der Verantwortung, erteilte Aufträge bis zur Inbetriebnahme der Anlagen rechtzeitig und kostensparend umzusetzen.

Mit welchen Leistungskriterien wurden nun die einzelnen Mitarbeiterbereiche vergütet?

3.8.1 Vertriebsingenieure

Die Vertriebsingenieure des Unternehmens wurden außertariflich vergütet und bezogen zum Zeitpunkt der Umstellung auf das neue Vergütungssystem bereits eine Auftragseingangsprovision sowie verschiedene Zielprämien auf den Auftragseingang, was aber aufgrund der Volatilität der Auftragseingänge zu eher zufallsorientierten Einkommen der Mitarbeiter führte. Über mehrere Jahre hinweg ergab sich ein durchschnittlicher variabler Einkommensanteil von ca. 25 % (vom Gesamteinkommen), der beibehalten werden sollte. Das Fixum sollte also in unveränderter Höhe erhalten bleiben.

Folgende Leistungskriterien waren für die Vertriebsingenieure mit Umstieg auf das neue Vergütungssystem vorgesehen:

- *Umwandlungsquote für Angebote:* Hierbei handelt es sich um das Verhältnis zwischen erteilten Aufträgen (des Mitarbeiters) zu den Angeboten (des Mitarbeiters). Ganz bewusst wird hier der einzelne Auftrag unabhängig von dessen Wert betrachtet. Dadurch wird ein Großteil der Volatilität aus dem Kriterium „Auftragseingang" herausgefiltert.
- *Anzahl Angebote:* Dabei handelt es sich um ein „Fleißkriterium": Der Mitarbeiter soll möglichst viele Projekte zum Laufen bringen. Zusammen mit dem Leistungskriterium „Umwandlungsquote für Angebote" erhöht sich damit die Erfolgswahrscheinlichkeit. Außerdem wäre es fehlerhaft, nur die „Umwandlungsquote für Angebote" zu vergüten: Bei geringer Anzahl von Angeboten würden bereits wenige Umwandlungen („Treffer") zu einem hohen Wert bei der „Umwandlungsquote" führen.
- *Aktivitäten:* Im Rahmen eines Punktesystems kann der Vertriebsingenieur Punkte sammeln, die dann vergütet werden. Solche Punkte gibt es z. B. für qualifizierte Kundengespräche, für Neukundenbesuche, für Maßnahmen bei Neukunden, für die Einholung einer Referenz bei einem Strategiekunden, für den Verkauf einer Standardmaschine (ohne Änderungen), für die Erstellung einer Kunden-Potenzialanalyse usw. Der Mitarbeiter erhält ein Punktziel, das erst ab einem bestimmten Grand der Zielerreichung vergütet wird.
- *Deckungsbeitrag:* Die Vertriebsingenieure werden auch in einen Deckungsbeitrag eingebunden, der sich auf Basis der Vorkalkulation nach abschließender Auftragsklärung im Unternehmen ergibt. Ab diesem Zeitpunkt ist der

Vertriebsingenieur gewissermaßen „aus dem Rennen", die Verantwortung für das Projekt geht auf den Projektleiter über. Der Deckungsbeitrag spielt in der Vergütung der Vertriebsingenieure nur eine untergeordnete Rolle, da er aufgrund der Volatilität des Geschäfts die eigentliche Leistung des Mitarbeiters nur sehr eingeschränkt widerspiegelt.

- *Deckungsbeitrag für strategisch wichtige Kunden:* Über dieses Kriterium, das ebenfalls aufgrund der Volatilität keine allzu hohe Gewichtung in der Vergütung der Vertriebsingenieure erhält, sollen strategisch wichtige Marktsegmente und Zielgruppen angesprochen werden. Der Deckungsbeitrag (auf Basis der Vorkalkulation), der mit diesen Kunden erwirtschaftet wird, soll nochmals extra bonifiziert werden.
- *Persönliche Leistungsbeurteilung:* Über dieses Leistungskriterium soll der Vertriebsingenieur in seinen Kompetenzen gefördert werden, um zukünftige Erfolge zu stabilisieren (vgl. hierzu die Ausführungen in den Abschn. 3.5 und 3.7).

3.8.2 Regionalvertriebsleiter

Die Regionalvertriebsleiter sind im Unternehmen den Vertriebsingenieuren vorgesetzt und tragen Verantwortung für das Geschäft und die Ergebnisse in den Regionen. Sie werden neuerdings nach folgenden Leistungskriterien vergütet:

- *Deckungsbeitrag der Region:* Der Deckungsbeitrag (nach allen Vertriebskosten der Region) wird bei den Regionalvertriebsleitern in der variablen Vergütung stärker gewichtet als bei den Vertriebsingenieuren, da die Volatilität des Geschäfts abnimmt, je stärker man sich vom einzelnen Vertriebsingenieur wegbewegt: Die guten Resultate des einen Vertriebsingenieurs werden kompensiert durch die weniger guten Ergebnisse des anderen Vertriebsingenieurs. Die Größe „Deckungsbeitrag nach Sach- und Personalkosten" trägt der Ergebnisverantwortung der Führungskraft Rechnung.
- *Projektziele:* Natürlich ist die Führungskraft in Projekte zur Veränderung bestehender Strukturen eingebunden, zu Personalfragen, zur Verbesserung der Abläufe usw. Stehen mehrere Projekte in einem Jahr an, erhält dieser Punkt eine höhere Gewichtung. In Jahren ohne Projektziel kann das Vergütungskriterium entfallen. Die dafür vorgesehene Gewichtung wird dann auf die anderen Kriterien aufgeteilt.
- *Deckungsbeitrag für strategisch wichtige Marktsegmente:* Ähnlich wie bei den Vertriebsingenieuren, wo strategisch wichtige Kunden extra im Vergütungssystem bedacht werden, werden beim Regionalvertriebsleiter die Marktsegmente

angesprochen. Dabei kann es sich um Regionen handeln, die ausgebaut werden sollen, um Strategiekunden, um Kunden für neue Produkte etc. Im Übrigen sei auf die Ausführungen zu diesem Punkt bei den Vertriebsingenieuren verwiesen (vgl. Abschn. 3.8.1).

- *Aktivitäten der Mitarbeiter des Regionalvertriebsleiters:* Das Aktivitätenziel der Vertriebsingenieure wird bewusst beim Regionalvertriebsleiter wiederholt, um die Führungskraft anzuhalten, ihre Mitarbeiter bei diesem Primärziel zu unterstützen und um damit den mittel- und langfristigen Unternehmenserfolg abzusichern.
- *Unternehmensergebnis:* Die Regionalvertriebsleiter sollen ganz bewusst in den Unternehmensertrag vor Steuern eingebunden werden, um den „Blick für das Ganze" zu schärfen und die Zusammenarbeit auf der Führungsebene zu intensivieren.
- *Persönliche Leistungsbeurteilung:* Hier werden vor allem die Führungskompetenzen der Regionalvertriebsleiter angesprochen. Sie sollen z. B. darin entwickelt werden, mit den Mitarbeitern sinnvolle Ziele zu vereinbaren und ihre Mitarbeiter bei der Erreichung ihrer Ziele zu unterstützen.

3.8.3 Innendienstmitarbeiter Angebotsabteilung

In projektbezogen arbeitenden Unternehmen (wie dem Sondermaschinenbau) ist es noch wichtiger als in anderen Branchen, die eher mit Standardprodukten zu tun haben, möglichst alle Mitarbeiter der Leistungskette in ein vernetztes Vergütungssystem einzubinden. Der Vertriebsingenieur kann keine gute Leistung erbringen, wenn ihn die Angebotsabteilung, die Versuchsabteilung, die Anwendungstechnik oder die Konstruktion nicht rechtzeitig mit Qualitätsdaten versorgen.

Die Innendienstmitarbeiter Angebotsabteilung werden tariflich vergütet und sind in den Tarifvertrag ERA eingebunden. Die dort vorgesehene Leistungszulage in Höhe von 10 % (in anderen Regionen sind es auch 15 %) wird heute auf folgende Leistungskriterien aufgeteilt:

- *Durchlaufzeit Angebote:* Der Zeitbedarf zwischen Anfrage des Kunden und Angebotserteilung soll reduziert werden, die Kunden sollen rasch eine kompetente Antwort erhalten. Da dieses Vergütungskriterium die eigentliche Leistung der Innendienstmitarbeiter Angebotsabteilung widerspiegelt, erhält es in der aktuellen variablen Vergütung eine relativ hohe Gewichtung.
- *Umwandlungsquote Angebote:* Die Innendienstmitarbeiter Angebotsabteilung tragen nicht unerheblich dazu bei, dass Angebote zum Erfolg werden.

Angebote, die das Bedürfnis der Kunden treffen, die rasch beim Kunden sind etc., haben eine größere Chance auf Erfolg.

- *Auftragseingang:* Die Innendienstmitarbeiter der Angebotsabteilung werden per Zielprämie in den Erfolg ihrer Bemühungen eingebunden. Da dieses Vergütungskriterium einer starken Volatilität unterliegt, die die Leistung der Mitarbeiter nicht direkt widerspiegelt, erhält dieses Vergütungskriterium nur eine bewusst niedrige Gewichtung.
- *Persönliche Leistungsbeurteilung:* Über dieses Leistungskriterium sollen die Kompetenzen der Mitarbeiter gefördert werden (= Verhalten und Know-how). Dabei geht es um Aspekte wie die Pflege des CRM-Systems, Fehlervermeidung, Umgang mit Kunden, Marktkenntnisse etc.

3.8.4   Produktmanager

Die Produktmanager werden im Unternehmen tariflich vergütet. Auch hier wurde die im Tarifvertrag vorgesehene Leistungszulage in Zusammenarbeit mit dem Betriebsrat in ein Zielprämiensystem umgewandelt. Folgende Leistungskriterien werden den Produktmanagern heute vergütet:

- *Umwandlungsquote für Angebote im Produktbereich:* Aufgabe des Produktmanagers ist es, den Vertrieb zu unterstützen. Dementsprechend ist es folgerichtig, den Produktmanager in die Angebotserfolge einzubinden.
- *Aktivitäten:* Für die Produktmanager gibt es im Rahmen eines Punktesystems eine Aktivitätenliste, die Maßnahmen des Produktmanagers umfasst, wie z. B. Besuche mit den Vertriebsingenieuren beim Kunden, Angebote im eigenen Produktbereich, Beiträge für Fachzeitschriften, Vorträge vor Kunden-Foren etc.
- *Projektziele:* Projektziele des Produktmanagers betreffen z. B. die Weiterentwicklung bestimmter Produkte, die Vervollständigung des Sortiments im eigenen Verantwortungsbereich etc. Hier ist der Produktmanager mit Mitarbeitern anderer Bereiche (z. B. Entwicklung, Konstruktion) in ein Projektteam eingebunden. Die variable Vergütung umfasst das gesamte Projektteam.
- *Deckungsbeitrag des verantworteten Produktbereichs:* Der Produktmanager wird auch in den Deckungsbeitrag seines Verantwortungsbereichs eingebunden. Wegen der Volatilität des Geschäfts bzw. des Kriteriums erhält es allerdings nur eine relativ geringe Gewichtung in der variablen Vergütung des Mitarbeiters.

- *Persönliche Leistungsbeurteilung.* Hier handelt es sich wieder um Kompetenz-kriterien, ebenso um Entwicklungsziele des Mitarbeiters. Diese sollen helfen, ihn zukünftig erfolgreicher zu machen.

3.8.5 Mitarbeiter Versuchsabteilung

Die Mitarbeiter der Versuchsabteilung werden ebenfalls tariflich vergütet und erhalten ihren variablen Einkommensanteil über die im Tarifvertrag ERA vorge-sehene Leistungszulage (diese wurde für das neue Vergütungssystem verwendet). Folgende Leistungskriterien werden den Mitarbeitern Versuchsabteilung vergütet:

- *Durchlaufzeit Versuche:* Dieses Vergütungskriterium dient dazu, die Prozesse von der Kundenanfrage bis zur Angebotserteilung zu beschleunigen. Ebenso soll die Durchlaufzeit von Versuchen beschleunigt werden, die nach Erhalt des Auftrags erforderlich werden.
- *Erfolgsquote Versuche:* Versuche sollen schließlich dazu führen, Aufträge zu erhalten. Die Mitarbeiter werden deshalb in das Verhältnis zwischen Auftrags-erteilungen (nur solche Aufträge, denen Versuche vorangegangen sind) und der Gesamtzahl der Versuche eingebunden. Das Ziel besteht jeweils in der Ver-besserung des Status quo.
- *Durchschnittliche Kosten pro Versuch:* Hier besteht das Ziel darin, die Kosten pro Versuch überschaubar zu halten und nicht ausufern zu lassen.
- *Auftragseingang:* Der Auftragseingang wird als Teamkriterium vergütet. Auf-grund der hohen Volatilität des Vergütungskriteriums erhält es jedoch nur eine relativ niedrige Gewichtung.
- *Persönliche Leistungsbeurteilung:* Hier sollen Kompetenzen (Verhalten, Know-how) des Mitarbeiters beleuchtet und entwickelt werden, wie z. B. die Qualität und Vollständigkeit der Dokumentation der Versuche, die Fähigkeit, sich in Kundenlösungen einzudenken, die Vertriebskompetenz des Mitarbei-ters etc.

3.8.6 Mitarbeiter Konstruktion

Die Mitarbeiter der Konstruktion werden ebenfalls tariflich vergütet und erhalten im variablen Einkommensanteil Leistungszulagen (ERA), die der Tarifvertrag vorsieht. Die Leistungskriterien sind folgende:

- *Einhaltung abgesprochener Termine:* Im Unternehmen werden zwischen Konstruktionsabteilung und den Abteilungen, die die Konstruktion erhalten, Termine für die Ablieferung der Konstruktion vereinbart. Diese Termine wurden in der Vergangenheit nur sehr bedingt eingehalten. Durch den Einbau dieses Kriteriums hat sich die Situation im Unternehmen diesbezüglich erheblich verbessert.
- *Projektziele:* Dabei handelt es sich um das wichtigste Vergütungskriterium der Konstruktionsabteilung. Mit der Konstruktionsabteilung werden Projekte für neue Produkte, für die Verbesserung bestehender Produkte, zur Einführung neuer Konstruktionsverfahren etc. vereinbart.
- *Deckungsbeitrag mit eigenen Konstruktionslösungen:* Die Mitarbeiter Konstruktion sollen zu einem kleinen Teil auch in den Deckungsbeitrag eingebunden werden, der mit den Konstruktionen des Mitarbeiters bzw. des Teams erzielt wurde. Dieses Vergütungskriterium soll das Denken in rationalen und kostengünstigen Lösungen fördern. Gleichzeitig repräsentiert es ein Teamkriterium, das die übrigen Kollegen im Vertrieb ebenfalls vergütet bekommen.
- *Persönliche Leistungsbeurteilung:* Über dieses Vergütungskriterium sollen die Kompetenzen des Mitarbeiters gefördert werden und Entwicklungsziele gesetzt werden. Hierbei geht es um Aspekte wie die Fähigkeit des Mitarbeiters, in Standardlösungen zu denken, die Kosten im Auge zu behalten, wettbewerbsfähige Applikationslösungen umzusetzen etc.

3.8.7 Projektmanager

Die Projektmanager werden ebenfalls tariflich vergütet. Das variable Einkommen wird wiederum mit der Leistungszulage gemäß Tarifvertrag (ERA) bestritten. Folgende Leistungskriterien werden den Projektmanagern vergütet:

- *Einhaltung der Kundentermine:* Ein wesentlicher Teil des variablen Einkommens der Projektmanager ist an die Einhaltung der Termine des Projekts angebunden, die dem Kunden bestätigt wurden.

- *Einhaltung des Kostenbudgets der Projekte:* Weiter oben wurde dargelegt, dass die Vertriebsingenieure auf der Basis eines *vorkalkulierten* Deckungsbeitrags vergütet werden. Der Projektmanager muss natürlich auf der Basis eines *tatsächlichen* Deckungsbeitrags nach Beendigung der Projekte vergütet werden. Dieses Vergütungskriterium erhält allerdings in der variablen Vergütung des Projektmanagers nur eine nachrangige Bedeutung, da der Projektmanager den

Deckungsbeitrag nur teilweise beeinflussen kann. Das Kriterium „Deckungsbeitrag" dient aber gleichzeitig als Team-Vergütungskriterium.

* *Reduzierung Garantie- und Nacharbeitskosten:* Eines der Ziele des Projektmanagers ist es, eine voll funktionstüchtige Maschine zum festgelegten Termin
  an den Kunden zu übergeben. Garantie- und Nacharbeitsaufwand schmälern
  nicht nur den Deckungsbeitrag des Unternehmens, sondern hinterlassen unzu-
  friedene Kunden. Ein eigenständiges Ziel wurde deshalb hierfür eingerichtet.
* *Persönliche Leistungsbeurteilung:* Auch die Projektmanager werden bzgl.
  ihrer Kompetenzen beurteilt und entsprechende Entwicklungsziele werden vereinbart. Hierbei geht es z. B. um Aspekte wie Kenntnisse des Projektmanage-
  ments, Produkt-Know-how, Kommunikation mit den am Projekt Beteiligten etc.

Das Unternehmen, das seit 2008 mit dem hier dargelegten Vergütungsmodell
arbeitet, berichtet, dass sich die Mitarbeiter nach Einführung des Vergütungssystems intensiver als vorher auf ihre Ziele konzentrieren. Die Führungskräfte schil-
dern, dass sich die Mitarbeiter in hohem Maße selbst steuern. Das Unternehmen
hat seit Einführung des neuen Vergütungssystems eine ausgesprochen gute Entwicklung genommen, die im Unternehmen zu einem großen Teil auf das Vergütungsmodell zurückgeführt wird.

3.9 Vergütungsbeispiel Hersteller Medizintechnik

In diesem Fallbeispiel wird eine variable Vergütung dargestellt, die 2010 bei
einem in der Schweiz ansässigen Hersteller für medizintechnische Geräte eingeführt wurde. Der Vertrieb der Produkte findet im Wesentlichen an Kliniken und
Krankenhäuser statt, auch an niedergelassene Ärzte. Die Mitarbeiterbereiche, die
im Folgenden dargestellt sind, werden alle außertariflich vergütet und verfügten
zum Zeitpunkt der Umstellung auf das neue Vergütungssystem bereits über variable Einkommen. Diese wurden im Wesentlichen auf der Basis von Umsatzprovisionen vergütet.

Das Unternehmen beklagte vor Umstellung auf das neue Vergütungssystem
die fehlende Dynamik der bestehenden variablen Vergütung. 80 % des Umsatzes
wurden als stabil betrachtet, die variable Vergütung bestand damit gewissermaßen zu 80 % aus quasi-festen Bezügen, die wie eine Fixvergütung wirkten. Die
restlichen 20 % der variablen Vergütung waren aber zu wenig, um damit nachhaltige Wirkung erzielen zu können. Das „Grundrauschen" bestimmte das variable
Einkommen der Mitarbeiter mehr als die eigentliche Leistung. Außerdem wurde
das Fehlen von Zielen bemängelt, was die Mitarbeiterführung und -steuerung

erschwerte. Darüber hinaus wurde das Fehlen von Ertragsgesichtspunkten in der variablen Vergütung als nachteilig betrachtet. Zudem war die Situation gegeben, dass einige Verkäufer mit einem großen Kundenpotenzial bei insgesamt schwacher Leistung mehr verdienten als andere Verkäufer, die eine ausgesprochen gute Performance erbrachten, jedoch über ein kleineres Kundenpotenzial verfügten.

Folgende Personen sind im Unternehmen am Vertriebsprozess beteiligt und wurden in das neue Vergütungssystem integriert:

- *Fachberater im Außendienst* und in der direkten Kunden-Betreuung
- *Vertriebsleiter* in insgesamt sechs Regionen und mit jeweils vier bis sieben Fachberatern, die an sie berichten
- *Produktfachberater* als Produktspezialisten für verschiedene Produktbereiche mit der Funktion, die Fachberater im Außendienst zu unterstützen und spezielles Produkt-Know-how einzubringen
- *Verkaufsinnendienst,* dessen Mitarbeiter jeweils Fachberatern zugeordnet sind, Termine für die Fachberater planen und vereinbaren sowie Angebots- und Auftragsabwicklung durchführen
- *Außendienst-Service,* der die Installation neuer Geräte durchführt und Wartungsarbeiten an bestehenden Geräten erbringt
- *Vertriebsdirektor* mit der Verantwortung für den Gesamtvertrieb

3.9.1 Fachberater

Der bestehende variable Einkommensanteil von durchschnittlich 27 % wurde beibehalten, wobei auf folgende Vergütungskriterien umgestellt wurde:

- *Umsatz des Mitarbeiters aus dessen Kundenkreis:* Diese Größe erhält in der neuen Vergütung nur noch eine relativ geringe Gewichtung, da den übrigen Leistungskriterien eine größere strategische Bedeutung zuerkannt wird.
- *Deckungsbeitrag des Mitarbeiters unter Berücksichtigung der Kosten des Mitarbeiters:* Diesem Kriterium wird in der neuen Vergütung ein hohes Gewicht eingeräumt. Bereits im ersten Jahr nach der Einführung der neuen Vergütung ergab sich im Vertrieb eine spürbare Steigerung sowohl der prozentualen wie der absoluten Deckungsbeiträge. Die Mitarbeiter verkaufen nicht nur preisstabiler, sondern sie achten auf den Ausbau der renditeträchtigen Produkte und Kunden.
- *Deckungsbeitrag mit After-Sales-Produkten und Wartungen:* Dieser Geschäftsbereich ist ertragsstark und steht deutlich weniger im Wettbewerb als die

eigentlichen Produkte. Auch diesem Kriterium wurde ein relativ hohes Gewicht zuerkannt.

- *Auftragseingang mit Strategieprodukten bzw. Strategiekunden:* Hier wird ganz bewusst ein Auftragseingang vergütet (und kein Deckungsbeitrag), um den Fachberatern mehr preisliche Spielräume einzuräumen (gewünscht wird ein rascher Ausbau der Strategiebereiche, in denen Marktanteile gewonnen werden sollen).
- *Aktivitäten:* Mit diesem Vergütungskriterium sollen Maßnahmen gefördert werden, die zu mittel- und längerfristigen Erfolgen führen (vergütet werden z. B. Präsentationen bei A-Kunden, Identifikation eines neuen Projekts, Einholung einer Success-Story für das Kundenmagazin, Erstellung von Kunden-Potenzialanalysen etc.).
- *Persönliche Leistungsbeurteilung:* Mit diesem Vergütungskriterium sollen die Kompetenzen des Fachberaters entwickelt werden (z. B. Einsatz von IT-Tools bei der Kunden-Präsentation, Pflege des CRM-Systems, Kooperation mit Kollegen aus der Produktberatung, Fähigkeit zur Kosten-Nutzen-Argumentation etc.).

3.9.2 Vertriebsleiter Regionen

Die insgesamt sechs Vertriebsleiter für Regionen im In- und Ausland werden nach vier Gruppen von Leistungskriterien vergütet:

- *Die Zusammenfassung der Vergütungskriterien der Fachberater,* die den Vertriebsleitern unterstellt sind (z. B. Umsatz, Deckungsbeitrag, Forcierung After-Sales-Produkte, Forcierung Strategieprodukte und -kunden etc.)
- *Leistungskriterien aus der Führungsverantwortung* (z. B. Ziele zu Projekten bzgl. der Weiterentwicklung des Geschäfts)
- *Beteiligung am Unternehmensergebnis* (um den „Blick für das Ganze" zu schärfen)
- *Persönliche Leistungsbeurteilung* (mit den Aspekten Führungskompetenz, Führungsqualität etc.)

3.9.3 Produktfachberater

Die Produktfachberater hatten bis zur Umstellung auf das neue Vergütungssystem einen ca. 20 %igen variablen Einkommensanteil (auf Basis Umsatz ihres Produktbereichs). Dieser variable Anteil wurde beibehalten, das Fixum blieb damit unverändert. Allerdings sollten die Produktfachberater in komplett neue Vergütungskriterien eingebunden werden:

- *Umsatz des Produktbereichs in Verantwortung:* Diese Größe wurde zwar aus der bisherigen Vergütung übernommen, erhält in der neuen variablen Vergütung aber nur noch eine relativ kleine Gewichtung.
- *Deckungsbeitrag des Produktbereichs in Verantwortung:* Hier handelt es sich um ein stark gewichtetes Vergütungskriterium der Produktfachberater, auf das diese vielfältigen Einfluss nehmen können (z. B. entspannt sich durch eine kompetente Fachberatung die Preissituation, die rentableren Lösungen/ Produkte können im Beratungsgespräch beim Kunden herausgestellt werden, durch engagierte Präsenz des Produktfachberaters beim Kunden steigt die Chance auf Auftragsvergabe etc.).
- *Ausbau strategisch wichtiger Produktbereiche:* Hier werden die Produktfachberater z. B. über einen Produkt-Deckungsbeitrag in die Forcierung bestimmter strategisch wichtiger Produkte eingebunden. Die drei Vergütungskriterien „Umsatz", „Deckungsbeitrag" und „Ausbau strategisch wichtiger Produkt- und Kundenbereiche" vernetzen die Interessen der Verkäufer/Fachberater und der Produktfachberater miteinander. Beide profitieren wechselseitig von einer guten Performance des jeweils anderen.
- *Aktivitäten:* Die Produktfachberater sollen über die Vergütung von Aktivitäten dazu angehalten werden, z. B. Produktschulungen (sowohl beim Kunden als auch intern) durchzuführen, als Referenten bei Ärztetagungen aufzutreten, Artikel in Fachzeitschriften zu veröffentlichen etc.
- *Projektziele:* Die Produktfachberater werden in Projekte eingebunden, die die Weiterentwicklung des eigenen Produktbereichs betreffen. Dies können umfangreichere Marketing-Maßnahmen sein, technische Ausarbeitungen, Wettbewerbsanalysen etc.
- *Persönliche Leistungsbeurteilung:* Die Aufnahme „weicher" Vergütungskriterien in die variable Vergütung der Produktfachberater soll deren Kompetenzen entwickeln helfen. Dabei geht es z. B. um Weiterbildungsmaßnahmen, um den Ausbau der Markt- und Wettbewerbskenntnisse etc.

3.9.4 Verkaufsinnendienst

Die Mitarbeiter im Verkaufsinnendienst hatten zum Zeitpunkt der Umstellung auf das neue Vergütungssystem noch keine variable Vergütung. Ein neuer variabler Einkommensanteil wurde geschaffen, in den die Mitarbeiter einen kleinen Teil

(7,5 %) ihres Fixums einbrachten. Auf der anderen Seite legte das Unternehmen nochmals den gleichen Betrag in die variable Komponente ein, sodass die Mitarbeiter mit Start des neuen Vergütungssystems über einen spürbaren variablen Einkommensanteil von 15 % verfügten. Gleichzeitig waren sie für eine Übergangszeit von drei Jahren gegen Einkommenseinbrüche abgesichert (das alte Fixum galt als Mindesteinkommensgarantie).

Die Innendienstmitarbeiter werden in folgende Leistungskriterien eingebunden:

- *Umsatz der Fachberater in Zuständigkeit* und
- *Deckungsbeitrag der Fachberater in Zuständigkeit:* Da die Innendienstmitarbeiter im Team mit den Fachberatern organisiert sind (ein Innendienstmitarbeiter betreut zwei Fachberater), ist es naheliegend, auch über die Vergütung eine Vernetzung zu bewerkstelligen. Beide Kriterien werden aber eher als „begleitende" Vergütungskriterien angesehen, ohne ihnen ein allzu hohes Gewicht einzuräumen. Auf andere Leistungskriterien ist der Einfluss der Innendienstmitarbeiter größer, wie z. B.:
- *Anzahl Termine für die Fachberater:* Vornehmste Aufgabe der Innendienstmitarbeiter ist es, qualifizierte Besuchstermine für die beiden Fachberater zu vereinbaren, die sie jeweils betreuen.
- *Kontakt-Treffer-Quote:* Um ein effektives Arbeiten der Innendienstmitarbeiter zu gewährleisten, wird die Relation zwischen der Anzahl der vereinbarten Kontakte und der Gesamtzahl der dafür erforderlichen Anrufe zum Vergütungskriterium erhoben.
- *Durchlaufzeit Angebote:* Um die Angebote rasch zu den Kunden zu bringen, wird mit den Innendienstmitarbeitern ein Ziel für die Anzahl der Arbeitstage vereinbart, die zwischen Anfrage und Abgabe des Angebots verstreichen.
- *Persönliche Leistungsbeurteilung:* Bei der Vergütung von „weichen" Kriterien geht es wieder um die Kompetenzentwicklung der Mitarbeiter. Dies betrifft Aspekte wie z. B. die Pflege von Datenbeständen, die Einhaltung der Prozessregeln, die Kommunikation im Team etc.

3.9.5 Außendienst-Service

Die Mitarbeiter im Außendienst-Service hatten zum Zeitpunkt der Umstellung auf das neue Vergütungsmodell bereits einen kleinen variablen Einkommensanteil in Höhe von 5 % (vom Gesamteinkommen). Dieser sollte mit Umstellung auf das neue Vergütungssystem auf 15 % ausgeweitet werden. Wie bei den

Innendienstmitarbeitern teilten sich Mitarbeiter und Unternehmen die Differenz zu gleichen Teilen (siehe Abschn. 3.9.4). Ebenso wurden auch die Mitarbeiter im Außendienst-Service für drei Jahre gegen Einkommenseinbrüche abgesichert (Garantie des alten Vergütungsmodells für drei Jahre als Mindesteinkommen). Folgende Leistungskriterien werden den Mitarbeitern im Außendienst-Service vergütet:

- *Deckungsbeitrag eigener Servicebereich bzw. aus Serviceumsätzen:* Den Deckungsbeitrag kann der Service-Mitarbeiter wie folgt beeinflussen: Steigerung der durchschnittlichen Service-Termine pro Tag, Senkung der Kosten durch qualifizierte Planung (z. B. Tourenplanung), Beratung der Kunden bzgl. vorbeugender Instandhaltung etc.
- *Abschluss von Wartungsverträgen:* Die Mitarbeiter erhalten ein Ziel bzgl. der abzuschließenden Wartungsverträge p. a. Dieses Kriterium bedient einen für das Unternehmen besonders rentablen Umsatzbereich.
- *Nacharbeitskosten bei Neuinstallationen:* Die Mitarbeiter sind angehalten, Neuinstallationen von Geräten so vorzunehmen, dass Nacharbeit möglichst vermieden wird. Dies hat entscheidenden Einfluss auf die Zufriedenheit der Kunden wie auch auf die Kosten des Unternehmens.
- *Generierung von Leads für Neugeschäft:* Der Außendienstmitarbeiter Service ist angehalten, dem Vertrieb konkrete Informationen darüber zu geben, bei welchen Kunden vorhandene Geräte durch neue, leistungsfähigere ersetzt werden sollten.
- *Persönliche Leistungsbeurteilung:* Bei der Vergütung der „weichen" Kriterien geht es wieder um die Kompetenzen des Mitarbeiters und deren Weiterentwicklung. So können Ziele vereinbart werden für Weiterbildungen, zum Ausbau der verkäuferischen Fähigkeiten des Mitarbeiters, zur Verbesserung des Informationsaustauschs zwischen Service und Vertrieb etc.

3.9.6 Vertriebsdirektor

Zum Zeitpunkt der Umstellung auf das neue Vergütungssystem hatte der Vertriebsdirektor bereits einen variablen Vergütungsanteil von ca. 25 % (vom Gesamteinkommen), der beibehalten werden sollte. Die damalige variable Vergütung ergab sich aus einer Umsatzprovision. Diese wurde ersetzt durch Zielprämien mit folgenden Inhalten:

- *Umsatz Gesamtvertrieb:* Zur Absicherung der Marktposition und zur Auslastung der Produktionseinheiten.
- *Deckungsbeitrag Gesamtvertrieb:* Vergütet wird ein Deckungsbeitrag nach sämtlichen Sach- und Personalkosten des Vertriebs.
- *Deckungsbeitrag mit Strategiemärkten (Produkten und Kunden):* Hierbei geht es darum, das Unternehmen in Zukunftsmärkten so zu positionieren, dass relativ rasch Marktanteile gesichert werden.
- *Projektziele:* Projektziele werden vereinbart z. B. zur Verbesserung der Vertriebsstrukturen, zum organisatorischen Aufbau neuer Marktsegmente und -regionen, zur Einführung neuer Instrumente (z. B. CRM, Vergütungssystem etc.).
- *Unternehmensergebnis:* Der Vertriebsdirektor wird aufgrund seiner Position über die variable Vergütung auch an den EBIT des Unternehmens angebunden.
- *Persönliche Leistungsbeurteilung:* Bei den „weichen" Vergütungskriterien geht es um Kompetenzen wie Führungsqualität, die Fähigkeit, das Unternehmen z. B. auf Ärztekongressen zu repräsentieren etc.

Das Unternehmen berichtet, dass mit Einführung des neuen Vergütungssystems die Managementqualität deutlich zugenommen hat. Die Herausforderung aller am Vertrieb Beteiligten, sich auf klare Ziele zu verständigen, hat die Transparenz im Unternehmen erhöht. Durch die Vernetzung der Ziele mit der variablen Vergütung seien die Ziele für Mitarbeiter wie Führungskräfte verbindlich geworden. Die Fokussierung auf Erfolg sei deutlich gestiegen. Die Rentabilität des Unternehmens habe sich ausgesprochen positiv entwickelt.

Vorgehensweise bei der Einführung eines neuen Vergütungssystems

4

Die Umstellung der Mitarbeiter auf ein neues Vergütungssystem zählt zu den sensibelsten Themen zwischen Führungskräften und Mitarbeitern. Erfahrungsgemäß neigen die Mitarbeiter dazu, am gewohnten Einkommenssystem festzuhalten, weil es vertraut und über Jahre hinweg eingeübt ist – auch wenn es zahlreiche Nachteile für das Unternehmen beinhaltet und nicht mehr zeitgemäß ist.

4.1 Ein sensibles Vorhaben sensibel angehen

Aus der Sensibilität des Themas resultiert, dass das neue Vergütungssystem nicht per „trial and error" eingeführt werden darf. Fehler werden nicht verziehen, und die Zahl möglicher Fehler, die begangen werden können, ist groß. Es gilt für die Einführung des neuen Vergütungssystems, dass man nur einen Versuch frei hat. Ist durch einen Fehler erst einmal Porzellan zerschlagen, sind nachträgliche Ausbesserungen erfahrungsgemäß nicht mehr möglich.

Daraus aber abzuleiten, lieber nichts zu tun und mit dem alten, defizitären Vergütungssystem weiterzuarbeiten, kann nicht die Lösung sein. Ein gut gemachtes Vergütungssystem schafft für das Unternehmen erfahrungsgemäß neue Perspektiven, wie zum Beispiel:

- Leichtes und besseres Erreichen der Unternehmens- bzw. Bereichsziele/ Vertriebsziele.
- Ertragsverbesserungen für das Unternehmen in der Größenordnung von 1,5 bis 3 % mehr Umsatz-Rentabilität.
- Mitarbeiter handeln motivierter, Mehrleistung lohnt sich mehr als bei klassischer variabler Vergütung.

© Springer Fachmedien Wiesbaden 2016
H.-P. Kieser, *Variable Vergütung im Vertrieb*,
DOI 10.1007/978-3-658-07144-8_4

- Höhere Krisenfestigkeit für das Unternehmen durch Kostenflexibilisierung (im Bereich der Personalkosten).
- Höhere Motivation der Mitarbeiter und eine verbesserte Leistungskultur durch Fokussierung auf anspruchsvolle Ergebnisse und Ziele.
- Mehr Teamorientierung durch Einbindung zahlreicher Mitarbeiter in das Vergütungssystem. Dadurch Abbau von Reibungsverlusten.
- Mehr Selbststeuerung und Eigenverantwortlichkeit der Mitarbeiter.
- Höhere Entscheidungskompetenz durch größere Transparenz und mehr Wissen seitens der Mitarbeiter.

Der Aufwand für die Einführung eines gut gemachten Vergütungssystems amortisiert sich erfahrungsgemäß bereits nach wenigen Monaten. Also sollte man sich als Führungskraft dem Thema stellen, das viel mehr beinhaltet als nur den Aspekt der Vergütung: Es geht um eine qualifizierte Führung und Steuerung der Mitarbeiter im Sinne des Unternehmens und der Bereiche. Der Vergütungspart dient dazu, die Ziele für den Mitarbeiter verbindlich zu machen und gute Leistungen überdurchschnittlich zu belohnen. Und es geht darum, die Gesamtmotivation der Mitarbeiter zu steigern.

Als Unternehmensverantwortlicher ist man gewohnt, Risiken einzugehen. Das gehört zur normalen Situation einer Führungskraft. Diese Risiken müssen aber kalkulierbar sein. In Anbetracht der Sensibilität des Themas ist es meist von Vorteil, einen externen Vergütungsexperten in das Projekt einzubeziehen. Mit seiner Hilfe kann festgestellt werden, ob ein neues Vergütungssystem für das Unternehmen lohnend ist, ob das alte Vergütungsmodell verändert/angepasst werden kann oder ob ein neues Vergütungsmodell eingeführt werden sollte. Er kann in seiner Rolle als Experte Mitarbeiter und Betriebsräte fachgerecht in das Projekt einbinden und so der Sensibilität des Themas meist besser gerecht werden als die Führungskraft des eigenen Unternehmens. Er genießt erfahrungsgemäß durch seinen Expertenstatus einen Vertrauensbonus und hat meist leichteren Zugang zu Mitarbeitern und Betriebsräten als die Führungskräfte des Unternehmens.

4.2   Rechtliche Situation

Zum Aspekt einer angemessenen Vorgehensweise zählt natürlich auch die Beachtung der rechtlichen Situation. Ein neues Vergütungssystem kann nicht per *Änderungskündigung* eingeführt werden: Diese wäre nach deutschem (und auch österreichischem) Arbeitsrecht nicht durchsetzbar. Darüber hinaus wäre diese Vorgehensweise extrem ungeschickt in Anbetracht der Sensibilität des Themas.

Sie würde das Misstrauen der Mitarbeiter geradezu provozieren und in der Ablehnung des neuen Vergütungsmodells enden. Die Einführung eines neuen Vergütungssystems bzw. die nachhaltige Änderung eines bestehenden Vergütungssystems sind also gegen den Willen der betroffenen Mitarbeiter nicht durchsetzbar. Änderungen bzw. Neueinführungen von Vergütungssystemen sind auf individualrechtlicher Seite nur *im gegenseitigen Einvernehmen* realisierbar und benötigen in kollektivrechtlicher Hinsicht die Zustimmung des Betriebsrats (§ 87 Betr.VG, Artikel 10 und 11). Also kommt es darauf an, Mitarbeiter und Betriebsräte in den Prozess der Entwicklung und Einführung des neuen Vergütungssystems zu integrieren (vgl. hierzu Abschn. 4.3), um einen fruchtbaren Boden für die Akzeptanz des neuen Vergütungssystems zu schaffen.

Einige Unternehmen regeln auf individualrechtlicher Seite die Vereinbarung über das neue variable Vergütungssystem mit Hinweis auf die jeweils gültige *Betriebsvereinbarung*. Diese bedeutet, dass nicht mit jedem einzelnen Mitarbeiter neue Verträge bzw. Ergänzungsverträge abgeschlossen werden müssen, wenn zukünftig das Vergütungssystem geändert/angepasst werden soll, sondern es muss nur eine neue Betriebsvereinbarung mit dem Betriebsrat abgeschlossen werden. Diese Regelung kann erstmalig auch mit Umstellung auf ein neues Vergütungssystem getroffen werden. In den Arbeitsverträgen bzw. Ergänzungsverträgen der Mitarbeiter erfolgt dann keine detaillierte Darstellung des neuen Vergütungssystems mehr, sondern lediglich der Hinweis, dass die variable Vergütung sich nach der neuen (und zukünftig nach der jeweils gültigen) Betriebsvereinbarung regelt.

Eine weitere Möglichkeit, dem Unternehmen mehr Handlungsspielräume bei der zukünftigen Gestaltung seiner variablen Vergütungssysteme einzurichten, besteht darin, sich vertraglich vorzubehalten, die variable Vergütung jedes Jahr einer *Prüfung* zu unterziehen und gegebenenfalls neu zu regeln. Das variable Vergütungssystem gilt in diesem Fall immer nur für ein Jahr. Dies muss dann aber im Vertrag/Ergänzungsvertrag des Mitarbeiters bzw. in der Betriebsvereinbarung explizit so ausgeführt sein.

Handelt es sich bei der variablen Vergütung des Mitarbeiters um eine echte *Zusatzvergütung* (die z. B. als übertarifliche Zulage gewährt wird), ist es denkbar, die variable Vergütung unter *Freiwilligkeitsvorbehalt* zu stellen. In diesem Fall ist der variable Einkommensanteil durch den Arbeitgeber jederzeit widerrufbar. Auf diesen Zusammenhang muss allerdings jährlich hingewiesen werden, möglichst explizit dem einzelnen Mitarbeiter gegenüber und unterstützend durch Aushang, beispielsweise an entsprechenden Informationsstellen im Unternehmen. In diesem Fall sollte der variable Einkommensanteil des Mitarbeiters aber 25 % des Gesamteinkommens nicht übersteigen. Der Wegfall der variablen Vergütung durch Widerruf des Unternehmens darf darüber hinaus die Existenzgrundlage des Mitarbeiters nicht gefährden (BAG vom 7.10. 1982, AP Nr. 5 zu § 620 BGB).

Eine solche Regelung macht zukünftige Änderungen am variablen Vergütungsystem natürlich leichter. Allerdings ist zu bedenken, dass die Motivation des Mitarbeiters unter einer derartigen Regelung leiden könnte (der variable Vergütungsanteil steht in der Wahrnehmung durch den Mitarbeiter möglicherweise unter einem „Damoklesschwert" und wird von ihm als gefährdet angesehen).

Kommt eine *Einigung* mit dem Mitarbeiter über ein bestimmtes Ziel innerhalb des variablen Vergütungssystems zukünftig nicht zustande (sofern im Unternehmen Ziele vereinbart und nicht vorgegeben werden), ist ein Einigungsmechanismus erforderlich, der vertraglich festgelegt werden sollte (eine Lösung hierzu bietet z. B. Abschn. 2.9.2 an).

Entfällt die *Realisierungsmöglichkeit* für ein Ziel (z. B. durch Wegfall eines Geschäftsbereichs oder eines Kunden, für den ein Ziel vereinbart war), hat der Mitarbeiter dennoch Anspruch auf seine Zielprämie. Ein Ersatzziel kann dann allerdings bestimmt werden.

Natürlich gilt generell der *Gleichbehandlungsgrundsatz*: Kein Mitarbeiter darf durch ein Ziel bewusst bevorzugt oder benachteiligt werden.

Üblicherweise schließen die Unternehmen mit ihren Mitarbeitern *Ergänzungsverträge* ab, in denen das neue Vergütungssystem dargestellt wird. Bei Neueinstellungen erfolgt die Darstellung des variablen Vergütungssystems im entsprechenden *Arbeitsvertrag*. Der Vertragsinhalt richtet sich natürlich nach dem jeweils gewählten Vergütungssystem und dessen Regelungen.

Ist im Unternehmen ein *Betriebsrat* installiert, wird – wie bereits dargelegt – die Zustimmung des Betriebsrats zum neuen bzw. zum geänderten Vergütungssystem benötigt. Eine *Betriebsvereinbarung* muss zwar generell nicht beschlossen werden, stellt aber das übliche Verfahren dar.

Natürlich muss das neue Vergütungssystem die *tariflichen Bestimmungen* einhalten, sofern das Unternehmen einer Tarifbindung untersteht. Variable Einkommensanteile dürfen also nur im Rahmen des tariflich Erlaubten angesetzt werden und das tariflich abgesicherte Einkommen des Mitarbeiters nicht antasten. Daraus folgt, dass variable Einkommensanteile im Wesentlichen im Bereich des übertariflichen Mitarbeitereinkommens angesiedelt sind.

Auf die rechtlichen Rahmenbedingungen bezüglich der *Höhe des variablen Einkommensanteils* wurde bereits in Abschn. 2.5.2 ausführlich eingegangen, weshalb an dieser Stelle nur darauf verwiesen wird.

4.3 Mitarbeiter und Betriebsräte in die Entwicklung des neuen Vergütungsmodells einbeziehen

Die Einführung eines neuen bzw. die Änderung eines bestehenden Vergütungssystems benötigt also eine einvernehmliche Regelung mit den Mitarbeitern bzw. die Zustimmung des Betriebsrats. Beides wird aber nur zu erlangen sein, wenn das natürliche Misstrauen der Beteiligten gegenüber dem neuen Vergütungssystem abgebaut wird.

Das neue Vergütungssystem sollte deshalb unter *Einbeziehung* von Mitarbeitern und Betriebsrat entwickelt werden. Es sollte also nicht *gegen* Mitarbeiter und Betriebsräte durchgesetzt werden, sondern *mit* Mitarbeitern und Betriebsräten gemeinsam diskutiert und verabschiedet werden.

In manchen Unternehmen werden Mitarbeiter bzw. Betriebsräte von Beginn des Projektes an einbezogen. Dies stellt allerdings den eher unüblichen Weg dar. Meist ist es sinnvoll, zunächst (z. B. mit einem externen Experten) ein Vergütungskonzept zu entwerfen und dies dann im weiteren Schritt den Mitarbeitern und dem Betriebsrat vorzustellen.

Zu diesem Zweck wird üblicherweise ein *Arbeitskreis* bzw. ein *Workshop* installiert, der sich aus Mitarbeitern, Betriebsräten, Führungskräften und dem externen Berater zusammensetzt. In diesem Arbeitskreis bzw. Workshop muss dann allerdings die Bereitschaft vorhanden sein, Änderungen am ursprünglichen Konzept durchzuführen, wenn diese vom Arbeitskreis bzw. Workshop gewünscht werden und sinnvoll erscheinen.

Die Vertragsverhandlungen mit den Mitarbeitern werden gewissermaßen dadurch entschärft, dass sie in den Arbeitskreis bzw. Workshop vorverlegt werden. Dort geht es natürlich weniger um die Vertragssituation als vielmehr um die konstruktive Gestaltung eines variablen Vergütungssystems, das beiden Seiten – Unternehmen und Mitarbeitern – Rechnung trägt. Durch das Heranführen der Mitarbeiter und Betriebsräte an das Vergütungsmodell und durch die Bereitschaft, diese in die Entwicklung des neuen Vergütungssystems einzubinden, wird die Situation entschärft, Ängste werden abgebaut und Akzeptanz wird vorbereitet. Die Mitarbeiter und Betriebsräte erhalten Transparenz über die Gründe, die das Unternehmen bewogen haben, ein neues Vergütungsmodell vorzuschlagen, und erfahren, dass das neue Vergütungsmodell nicht auf Bedrohung angelegt ist, sondern auf Chancen-Nutzung und positive Einkommensentwicklung bei entsprechender Leistung.

Dazu gehört natürlich, dass die Mitarbeiter für eine längere Übergangszeit abgesichert werden und dass das neue Vergütungssystem attraktiv zugeschnitten wird. Hierauf wird in Abschn. 4.5 näher eingegangen.

Wie soll sich das Unternehmen aber verhalten, wenn der eine oder andere Mitarbeiter das neue Vergütungssystem nicht akzeptiert? Es kann – wie gesagt – kein Zwang ausgeübt werden, Änderungskündigungen sind aus arbeitsrechtlicher Sicht nicht möglich. In diesem Fall bleibt nichts anderes übrig, als den Mitarbeiter im alten Vergütungssystem zu belassen und nach einer gewissen Zeit zu versuchen, ihn doch noch für das neue Vergütungssystem zu gewinnen. Erkennen die Mitarbeiter zum Beispiel, dass nach einem halben Jahr oder Jahr das Einkommen der Kollegen eher gestiegen als gesunken ist, sind die Hemmschwellen erfahrungsgemäß beseitigt und der Mitarbeiter steigt nachträglich auf das neue Vergütungssystem um. Es stellt gewissermaßen kein Problem dar, wenn sich der eine oder andere Mitarbeiter zunächst dem neuen Vergütungssystem nicht anschließt. Auf längere Sicht muss aber (mit entsprechender Gelassenheit) daran gearbeitet werden, sämtliche Mitarbeiter ins neue Vergütungssystem einzubinden.

Auf jeden Fall sollte der Mitarbeiter, der sich am neuen Vergütungssystem nicht beteiligen will, in die Ziele seines Bereichs eingebunden werden: Er wird dann zwar (zunächst) nicht nach diesen Zielen vergütet, aber nach diesen Zielen geführt und gesteuert. Entsprechende Soll/Ist-Vergleiche werden monatlich/quartalsweise angestellt, und er wird in das gleiche Prozedere eingegliedert wie diejenigen Mitarbeiter, die bereits nach diesem Modell vergütet werden.

4.4   Die Rolle des externen Change Agent

Bei der Veränderung eines bestehenden bzw. der Einführung eines neuen Vergütungssystems handelt es sich also nicht nur um einen äußerst sensiblen Vorgang, sondern auch um einen sehr komplexen. Misstrauen der Mitarbeiter und innere Widerstände könnten zu einer halbherzigen Umsetzung des Projekts führen. Fehlende Kenntnisse über die Möglichkeiten moderner Vergütungssysteme und/oder fehlendes Wissen über arbeitsrechtliche Grenzen könnten dazu führen, dass das Projekt zu einer „Dauerbaustelle" mutiert, von der negative Signal- und Motivationswirkungen auf die gesamte Mannschaft ausgehen.

Im Rahmen meiner Beratertätigkeit konnte ich einige Male beobachten, dass inkompetent umgesetzte Vergütungsprojekte über den Kreis der direkt betroffenen Mitarbeiter hinaus zu Frust führten und Skepsis gegenüber neuen Anläufen weckten, doch noch ein verbessertes Vergütungsmodell zu installieren.

Der Erfolg von Vergütungsprojekten hängt in ganz hohem Maß von der Akzeptanz und der Mitwirkung der betroffenen Mitarbeiter ab. Deshalb sind Unternehmen meist gut beraten, einen externen Sachverständigen als Berater in das Projekt einzubinden, der mit hohem fachlichem Wissen und Einfühlungsvermögen die Rolle eines „Lotsen durch schwieriges Terrain" übernimmt. Er wirkt als externer Change Agent, um Akzeptanz zu schaffen und um die notwendigen Veränderungen gemeinsam mit den betroffenen Menschen durchzuführen.

Bei einem solchen Change Agent handelt es sich um einen „Experten für die konstruktive Herbeiführung von Klärungen in Entscheidungs- und Konfliktsituationen sowie von … Veränderungen im persönlichen, organisatorischen, wirtschaftlich-technologischen oder politisch-sozialen Bereich" (Wikipedia). Das Ziel eines klug agierenden Change Agent muss ein, notwendige Veränderungsprozesse auf der sozialen Ebene abzusichern. Dabei hilft ihm sein Fachwissen, seine Objektivität, seine Erfahrung und seine Unabhängigkeit und vor allem seine Distanz zu internen sozialen Problemen.

Erfahrungsgemäß hat der externe Sachverständige zu den betroffenen Menschen eher Zugang als die Führungskräfte des Unternehmens, denen seitens der Mitarbeiter eher Eigeninteressen unterstellt werden. Dem Experten, der als „Agent der Veränderung" auftritt, obliegt es, durch seine Erfahrungen aus anderen, ähnlich gelagerten Projekten, Ergebnisse voranzubringen, als Lösungsgeber zu wirken und das Projekt in einem überschaubaren Zeitraum abzuschließen.

Meist ist es sinnvoll, bei den betroffenen Mitarbeitern zunächst Konsens über die Defizite des bisherigen Vergütungssystems herzustellen, bevor neue Lösungen aufgezeigt oder entwickelt werden. Dabei profitieren Unternehmen und Mitarbeiter gleichermaßen von der Erfahrung des Experten aus anderen Unternehmen und ähnlich gelagerten Vergütungsprojekten. Seine Aufgabe besteht nicht zuletzt darin, eine Struktur in den Veränderungsprozess hineinzubringen und bei der Einweisung der Mitarbeiter und Führungskräfte ins neue Vergütungssystem behilflich zu sein.

Ein qualifizierter Change Agent braucht dazu aber nicht nur Erfahrung und Fachwissen, sondern darüber hinaus ein hohes Maß an Einfühlungsvermögen, Kommunikationsfähigkeit und die Bereitschaft, auf Meinungen und Bedenken der Menschen einzugehen, die vom neuen Vergütungssystem betroffen sind und damit umzugehen haben.

4.5 Das Vergütungsmodell attraktiv gestalten

Um seitens der Mitarbeiter die Akzeptanz für das neue Vergütungssystem zu schaffen und so etwas wie Begeisterung dafür zu erzeugen, bedarf es der Beachtung verschiedener Aspekte.

Zunächst ist es wichtig, dass die Mitarbeiter mit Umstieg auf das neue Vergütungssystem keine Einkommens-Benachteiligung erfahren. Fast alle

Vergütungsumstellungen erfolgen so, dass die Mitarbeiter *einkommensneutral* auf das neue Vergütungssystem umgestellt werden (aus Sicht des Unternehmens erfolgt die Umstellung damit *kostenneutral*). Allein durch die Tatsache der Umstellung verdient der Mitarbeiter also nicht weniger – er muss aber auch nicht mehr verdienen. Es gilt das Motto: Bei gleicher Leistung erfolgt gleiches Einkommen. In eher seltenen Fällen erhalten die Mitarbeiter mit Einführung des neuen Vergütungssystems eine Einkommensaufstockung, um die Akzeptanzbereitschaft zu erhöhen.

Allerdings sollten die Mitarbeiter für eine längere Übergangszeit *gegen unverschuldete Einkommenseinbrüche abgesichert* werden. Dies kann wie folgt geschehen: Der Mitarbeiter erhält über einen bestimmten Zeitraum hinweg als Minimum-Einkommensgarantie das Einkommen, das er nach dem alten Vergütungssystem verdient hätte (z. B. sein bisheriges Fixum beziehungsweise sein bisheriges Fixum zuzüglich seiner bisherigen variablen Vergütung). *Der Mitarbeiter wird allerdings schon nach der neuen Vergütungsmethode vergütet.* Ergibt sich aber am Ende des Jahres, dass das Einkommen nach der bisherigen Methode höher gewesen wäre, so erfolgt eine Auszahlung des Differenzbetrages. Unternehmen geben diese Garantie meist für die Dauer von ein bis zwei Jahren.

Diese Lösung schafft in den Augen der Mitarbeiter eine gewisse Sicherheit, die notwendig ist, um das neue Vergütungssystem zu akzeptieren. Dadurch wird bewirkt, dass dem Mitarbeiter für die Dauer von beispielsweise ein bis zwei Jahren sein Einkommen nach dem *alten System* garantiert ist, er jedoch durch das neue Vergütungssystem bereits entsprechend mehr verdienen kann. Man vermittelt den Mitarbeitern dadurch den Eindruck, dass man ihnen „nichts wegnehmen will", sondern dass es vielmehr darum geht, sie dazu zu bewegen, sich möglichst mehr Einkommen durch entsprechend gute Ergebnisse zu verschaffen.

Eine weitere Attraktivität bei der Einführung gut gemachter variabler Vergütungssysteme kann darin bestehen, die *Einkommenschancen bei Gutleistung* des Mitarbeiters (bei Zielüberschreitung) *stärker auszuprägen* als die Einkommensrisiken (bei Zieluntererfüllung). Dies bedeutet, dass die Kurve der variablen Vergütung „nach oben" steiler ansteigt, als sie „nach unten" abfällt (vgl. die Ausführungen in Abschn. 2.4.2). Nicht selten werden die variablen Vergütungskurven so gestaltet, dass die Chancen auf Mehreinkommen doppelt so hoch gehalten werden wie die Risiken auf Mindereinkommen. Mit der Einführung eines neuen Vergütungssystems möchte das Unternehmen in aller Regel eher „locken" als „bedrohen". Die hier beschriebene Gestaltung der variablen Vergütungskurve gibt diesem Ansinnen Ausdruck und begünstigt natürlich die Akzeptanzbereitschaft der Mitarbeiter.

Darüber hinaus wird durch eine derartige variable Vergütungskurve dem Mitarbeiter verdeutlicht, dass es nicht darum geht, ihm etwas wegzunehmen oder ihn zu übervorteilen. Er ist gegenüber Einkommensverlusten zwar nicht total abgesichert, dieses Risiko ist aber bedeutend geringer als die Einkommenszugewinne bei entsprechenden Gutleistungen. Damit wird das variable Vergütungssystem offensiv ausgerichtet: Zielübererfüllungen werden lohnend und attraktiv vergütet, gegen starke Einkommenseinbrüche wird der Mitarbeiter dauerhaft abgesichert. Der Mitarbeiter kann befreit von starker Bedrohung „nach vorne" arbeiten und zum Wachstum des Unternehmens beitragen. Außerdem reduziert man auf diese Weise den Ziel-Anpassungsdruck „nach unten", zum Beispiel dann, wenn sich die konjunkturelle Entwicklung schlechter darstellt als geplant.

Eine für Mitarbeiter nicht zu unterschätzende Attraktivität moderner variabler Vergütungssysteme liegt in der *Vergütung mit mehreren Leistungskomponenten* (vgl. Abschn. 2.2). Dies stellt für den Mitarbeiter eine ausgesprochene *Risikominimierung* dar: Wenn bei dem einen oder anderen Leistungskriterium eine Zieluntererfüllung (mit entsprechender Einkommenseinbuße) vorliegt, kann dies durch Gutleistungen bei anderen Leistungskriterien kompensiert werden. Wird die variable Vergütungskurve so gestaltet, dass sie für Zielübererfüllungen steiler ansteigt, als sie für Nicht-Zielerfüllungen abfällt, kann der Mitarbeiter die Vergütungseinbußen bei Schlechtleistungen durch entsprechende Gutleistungen sogar überkompensieren.

Ebenfalls attraktivitätssteigernd im Hinblick auf die Akzeptanz des neuen Vergütungssystems wirkt es, wenn *einige Vergütungskriterien unabhängig von konjunkturellen Veränderungen* gestaltet werden. Die Vergütung einer *persönlichen Leistungsbeurteilung* (vgl. Abschn. 2.2.2), die Vergütung von vorgelagerten *Aktivitäten* des Mitarbeiters (im Gegensatz zu Ergebnissen – vgl. Abschn. 2.2.1) oder die Vergütung von *Projektzielen* (vgl. Abschn. 2.2.1) macht an Mitarbeiterleistungen fest, die sich unabhängig von der konjunkturellen Marktentwicklung abspielen. Mitarbeiter empfinden es häufig als bedrohlich oder ungerecht, wenn Ziele unter der Annahme bestimmter konjunktureller Fakten vereinbart wurden und sich diese Fakten dann nachträglich zum Negativen hin ändern bzw. nicht einstellen. Wenn Ziele unterjährig nicht angepasst werden (was nur im extremen Ausnahmefall geschehen sollte), haben derartige (positive wie negative) konjunkturelle Veränderungen Auswirkungen auf das Einkommen der Mitarbeiter. Derartige (unerwünschte) Auswirkungen lassen sich mindern durch den Einsatz der oben erwähnten konjunkturneutralen Vergütungskomponenten.

Wenn es darum geht, die Attraktivität eines neuen Vergütungssystems anzuheben und damit die Akzeptanz durch die Mitarbeiter positiv zu beeinflussen, hilft auch die Einräumung von *Wahlfreiheiten*. Hierzu zählen folgende Elemente:

- Das Konzept der *Risikowahl*, bei dem der Mitarbeiter die Höhe seines variablen Einkommensanteils (innerhalb gewisser Grenzen) selbst bestimmen kann (vgl. hierzu Abschn. 2.5.3).
- Das Modell der *freien Zielwahl*, bei dem der Mitarbeiter die Höhe seines Ziels für das kommende Jahr (im Rahmen eines Angebots, welches ihm von seiner Führungskraft unterbreitet wird) selbst auswählen kann (vgl. Abschn. 2.9).
- *Cafeteria-Elemente*, die mit der Einführung eines neuen Vergütungssystems verquickt werden können. Cafeteria-Systeme räumen dem Mitarbeiter bestimmte Unternehmensleistungen ein (z. B. höherwertiger Firmenwagen, Altersversorgung etc.; Kieser 2008, S. 139 ff.), die der Mitarbeiter durch Einkommensverzicht gewissermaßen selbst finanziert. Damit sind aber für den Mitarbeiter stets steuerliche Vorteile verknüpft.

Durch solche Elemente kann sich der Mitarbeiter gewissermaßen sein persönliches Vergütungsmodell zurechtschneiden, es auf seine Bedürfnisse einrichten. Wenn Vergütungssysteme dauerhaft motivieren sollen, ist es durchaus überlegenswert, solche Einkommenselemente zuzulassen. Der Mitarbeiter identifiziert sich eher mit einem Vergütungsmodell, in dem er sich mit seinen Bedürfnissen wiederfindet, als mit einem Modell, das ihm „übergestülpt" wurde.

Ein nicht zu unterschätzender Aspekt bezüglich der Attraktivität eines neuen variablen Vergütungsmodells ist die Zusicherung an die Mitarbeiter, Ziele zu *vereinbaren* (und diese nicht einfach vorzugeben). Aus arbeitsrechtlicher Sicht können Ziele auch vorgegeben werden (vgl. Abschn. 2.1.3), es ist jedoch ungleich motivierender für die Mitarbeiter, in den Prozess des Zustandekommens von Zielen einbezogen zu werden und damit ein Mitspracherecht eingeräumt zu bekommen. Seitens der Mitarbeiter besteht gegenüber einem neuen zielorientierten Vergütungsmodell meist ein gewisses Misstrauen, durch zu hohe Ziele übervorteilt zu werden. Diese Sorge lässt sich dadurch abbauen, dass das Unternehmen dem Mitarbeiter zusichert, Ziele dauerhaft zu vereinbaren.

Unternehmen, die Ziele vereinbaren, sollten bestimmte Regeln beachten, um sachbezogene Gespräche zu führen und anspruchsvolle Ziele abzuschließen (vgl. hierzu Abschn. 2.1.3). Wer aber Ziele vereinbart, muss wissen, dass in Einzelfällen eine Einigung mit dem Mitarbeiter unter Umständen nicht zustande kommt. Für einen solchen Fall muss ein Konflikt-Handhabungsmechanismus eingesetzt werden (vgl. hierzu Abschn. 2.9.2), der dann aber auch in den Ergänzungsverträgen mit den Mitarbeitern bzw. in der Betriebsvereinbarung hinterlegt werden sollte.

Ein solcher Zielvereinbarungs-Mechanismus soll dauerhaft sicherstellen, dass die Ziele anspruchsvoll, aber eben nicht „überehrgeizig" ausfallen. Letzteres würde die Einkommensmöglichkeiten der Mitarbeiter ungerechtfertigt

beschneiden. Die Aussicht auf tendenziell überhöhte Ziele würde das Vergütungssystem in Misskredit bringen und zu Akzeptanzproblemen seitens der Mitarbeiter
führen. Die Einbeziehung der Mitarbeiter in die Zielfindung ist deshalb heute das
allgemein akzeptierte Verfahren.

4.6   Das Vergütungssystem auf die Belange des Unternehmens zuschneiden

Jedes gut gemachte variable Vergütungssystem ist ein „Maßanzug" für das jeweilige Unternehmen, sowohl hinsichtlich der zu vergütenden Leistungskriterien als
auch bezüglich der Vergütungstechnik und des Verlaufs der variablen Vergütungskurve, ebenso in Bezug auf die Mitarbeiterbereiche, die in das neue Vergütungssystem integriert werden sollen.

Unternehmen stellen an die Einführung neuer Vergütungssysteme klare
Anforderungen:

- Die Ziele des Unternehmens/des Vertriebs sollen zu Zielen der einzelnen
  Mitarbeiter werden; die Führung und Vergütung der Mitarbeiter soll an den
  eigentlichen Interessen des Unternehmens festmachen.
- Die Motivation zu mehr Leistungsqualität soll durch das Vergütungssystem
  gefördert werden.
- Team-Denken soll entwickelt werden durch Integration mehrerer Mitarbeiter-
  bereiche in das System der Führung und Vergütung unter Anwendung eines
  einheitlichen Vergütungsansatzes.
- Mehr Leistungsgerechtigkeit soll in der Vergütung Platz finden, indem die
  eigentliche Leistung des Mitarbeiters unter weitestgehendem Ausschluss von
  Zufälligkeiten vergütet wird.
- Das neue Vergütungssystem soll flexibel sein für Anpassungen an neue Markt-
  situationen und strategische Notwendigkeiten.
- Durch Vergütung von Ertragskomponenten des Mitarbeiters soll ein hohes
  Maß an Kostenflexibilität hergestellt werden: Die (variablen) Personalkosten
  sollen mit und in Abhängigkeit von den Marktmöglichkeiten des Unterneh-
  mens „atmen".
- Das Vergütungssystem soll zu einer langfristigen Kompetenzentwicklung des
  Mitarbeiters hin zu besserer Performance führen.

Zu diesen generellen Anforderungen gesellen sich im Einzelfall noch spezielle Anliegen des jeweiligen Unternehmens. Sowohl die generellen wie die

individuellen Ziele, die das Unternehmen mit der Einführung eines neuen variablen Vergütungssystems verfolgt, müssen unternehmensspezifisch umgesetzt werden, entsprechende Lösungen müssen gefunden werden.

Dabei gilt es, win-win-Situationen zu schaffen. Gut gemachte variable Vergütungssysteme haben nicht einseitig den Vorteil des Unternehmens im Fokus, sondern sie verbinden Vorteile des Unternehmens mit Vorteilen für die Mitarbeiter. Mit dem Einstieg in das neue Vergütungssystem starten beide Seiten – Unternehmen und Mitarbeiter – beim Status quo: Für gleiche Leistung erhält der Mitarbeiter gleiches Einkommen. Das Unternehmen führt das neue Vergütungssystem ein, um zu besseren Ergebnissen zu motivieren und um die Mitarbeiter zu besseren Resultaten zu führen. Das Unternehmen profitiert und gibt einen Teil dieses Profits an seine Mitarbeiter weiter, und zwar im Rahmen eines spannend ausgelegten Vergütungsmodells, bei dem sich Mehr- bzw. Besserleistung deutlich lohnen.

In diesem Zusammenhang kommt es aber darauf an, die „richtigen" Leistungskriterien in das Vergütungssystem einzubringen, nämlich diejenigen, die das Unternehmen langfristig voranbringen und dauerhaft stabilisieren. Dafür ist es meist sinnvoll, zu vergütende Mitarbeiter-Ergebnisse bezüglich verschiedenster Ziele in Deckungsbeiträgen auszudrücken. Auf diese Weise ist gewährleistet, dass das Unternehmen die attraktiven Ausschüttungen an seine Mitarbeiter immer problemlos finanzieren kann.

So machen sich gut und professionell konzipierte Vergütungssysteme bezahlt: Mit der Einführung solcher Vergütungsmodelle sind durchweg spürbare und nachhaltige Ertragsverbesserungen für das Unternehmen verbunden. Die Erfahrung lehrt, dass Unternehmen, die ihre Mitarbeiter zielorientiert führen und vergüten, deutlich bessere Ergebnisse erwirtschaften als diejenigen, die es nicht tun.

Dies wird erreicht durch

- Einbindung der Mitarbeiter in klare Zieldefinitionen,
- bessere Führung und Steuerung der Mitarbeiter,
- größere Anreize für Mehrleistungen,
- mehr Teamorientierung,
- eine klare Fokussierung auf Ertrags- und Kostenelemente,
- Berücksichtigung strategischer Ergebnisse sowie
- höhere Krisenfestigkeit des Unternehmens aufgrund größerer Kostenflexibilität.

Damit steigt die Qualität der Führung von Mitarbeitern und Unternehmen. Mitarbeiter und Führungskräfte wachsen in diese Systeme erfahrungsgemäß rasch hinein. Erfolge werden meist nach kurzer Anlaufzeit von zwei bis drei Monaten sichtbar.

Dabei ist das Projekt der Einführung eines neuen variablen Vergütungssystems mit überschaubarem Aufwand verbunden. Der Zeitbedarf hierfür liegt für mittelständische Unternehmen meist bei durchschnittlich drei bis sechs Monaten.

Quellen

Kieser, H.-P.: Moderne Vergütung im Verkauf – Leistungsorientiert entlohnen mit Deckungsbeiträgen und Zielprämien, 3. Aufl. Verlag Wissenschaft & Praxis, Sternenfels (2008)

Die sieben wichtigsten Tipps für die Gestaltung einer variablen Vertriebsvergütung

5

Die Anforderungen an die Vertriebssteuerung sind heute ungleich höher als in früheren Jahren. Die Märkte haben an Komplexität zugelegt, der Wettbewerb wurde intensiver, und es ist schwierig geworden, Erträge dauerhaft zu stabilisieren. Eine wichtige Rolle fällt in diesem Szenario der *Vertriebssteuerung* zu, die Akzente für den Ausbau der strategisch wichtigen Marktsegmente sowie der wichtigen Kunden und Produkte setzen muss. Vor diesem Hintergrund ist *Vertriebscontrolling* filigran geworden und hat einen deutlich höheren Stellenwert erhalten. Auch die qualifizierte Führung und Steuerung der Vertriebsmitarbeiter ist in diesem Zusammenhang immer wichtiger geworden. Systeme der variablen Vergütung im Vertrieb verstehen sich als der „verlängerte Arm" der Führung und Steuerung (vgl. hierzu Abschn. 2.1). Damit hat sich aber auch die Struktur der variablen Vergütung nachhaltig verändert, auch hier sind die Anforderungen an eine „gut gemachte" variable Vergütung gestiegen.

Die folgenden Tipps enthalten die wichtigsten Hinweise für die Gestaltung einer wirkungsvollen variablen Vergütung im Vertrieb und stellen insofern eine gewisse Zusammenfassung von Aspekten dar, die bereits ausführlich erläutert wurden. Dabei wird eine variable Vergütung im Vertrieb nur dann wirkungsvoll sein, wenn sie den Mitarbeiter in den Fokus stellt: Ein optimiertes System der variablen Vertriebsvergütung stellt sicher, dass sich der Mitarbeiter zwar gefordert fühlt, aber nicht überfordert. Er soll die Chancen nutzen, die ihm eine gut gemachte variable Vergütung bietet.

Dabei geht moderne und gut gemachte variable Vergütung von einer win-win-Situation aus: Die Mitarbeiter werden auf der Basis ihres aktuellen Gesamteinkommens in das neue Vergütungssystem übernommen und in die wichtigsten Vertriebsziele eingebunden. Verdient der Mitarbeiter über seine neue variable Vergütung spürbar mehr, verbessern sich gleichzeitig die Unternehmensergebnisse.

© Springer Fachmedien Wiesbaden 2016
H.-P. Kieser, *Variable Vergütung im Vertrieb*,
DOI 10.1007/978-3-658-07144-8_5

Die folgenden Tipps haben zum Ziel, Führungskräften und Mitarbeitern, die nach neuen Entwürfen für eine variable Vergütung im Vertrieb suchen, eine Hilfestellung zu geben, um bei der Modellierung des neuen Vergütungssystems gleich die wichtigsten Kernpunkte zu erfassen. Eine Beachtung der Hinweise wird die variable Vergütung wirkungsvoller und nachhaltiger machen.

Erster Tipp: Gestalten Sie Ihre zukünftige variable Vergütung im Vertrieb für die Mitarbeiter spannend und motivierend! Herkömmliche Systeme der variablen Vergütung im Vertrieb sind erfahrungsgemäß relativ „langweilig", Mehrleistung lohnt sich für die Mitarbeiter wenig. Klassische Systeme der Vertriebsvergütung sind meist provisionsorientiert. Von Provisionen spricht man, wenn diese „vorne", d. h. beim ersten Euro Umsatz oder Deckungsbeitrag starten und sich über die gesamte Bandbreite der Mitarbeiter-Ergebnisse hinziehen. Meistens erhält der Mitarbeiter x % auf eine Größe wie z. B. Umsatz oder Deckungsbeitrag.

Nun bewegt sich die Leistung des Mitarbeiters erfahrungsgemäß aber nur in einem relativ kleinen Leistungsbereich *(Leistungskorridor)*. Dieser Leistungskorridor wird jedoch bei klassischen Vergütungssystemen zu wenig bedacht: Die Kurve der variablen Vergütung beginnt viel zu früh und „blutet" gewissermaßen im Bereich der Basisleistungen aus. 80 bis 90 % der variablen Vergütung werden für das „Grundrauschen" ausgegeben und nur 10 bis 20 % der Vergütung bleiben übrig, um das zu vergüten, was das Unternehmen eigentlich haben möchte: die Leistung des laufenden bzw. des kommenden Jahres.

Moderne variable Vertriebsvergütung beschränkt sich dagegen auf den eigentlichen Leistungskorridor des Mitarbeiters. In diesen Systemen verläuft die Kurve der variablen Vergütung ausgesprochen steil. Der Mitarbeiter erhält in der modernen Vertriebsvergütung eine Prämie für eine Zielerfüllung. Vergütet wird lediglich der „Dunstkreis" um die gute Leistung (die Zielerfüllung) herum. Es handelt sich genau um diejenige Leistung, die für das laufende Jahr als relevant angesehen wird.

In einer zeitgemäßen variablen Vergütung im Vertrieb *(Zielprämiensystem)* verläuft die Kurve der variablen Vergütung ausgesprochen steil. Erreicht der Mitarbeiter eine spürbare Mehrleistung, kann er im Rahmen des Vergütungssystems sein variables Einkommen z. B. um 50, 100 % oder noch mehr erhöhen. Hierfür hätte er bei einer klassischen, provisionsorientierten variablen Vergütung Jahre benötigt. Der Anreiz für Mehrleistung ist in diesen modernen Systemen der variablen Vergütung deshalb ungleich höher.

Dabei muss nicht befürchtet werden, dass in dieser modernen Zielprämienvergütung das variable Einkommen des Mitarbeiters langfristig „explodiert".

Im Gegensatz zur herkömmlichen, provisionsorientierten Vertriebsvergütung wird das Zielprämien-Einkommen des Mitarbeiters nicht „verrentet", weil in jedem Jahr neue Ziele vereinbart werden. In der herkömmlichen Provisionsvergütung konnte der Mitarbeiter bei Wachstum des Unternehmens sein variables Einkommen permanent aufstocken, weil in jedem Jahr immer wieder aufs Neue die Leistung aller zurückliegenden Jahre vergütet wurde. Dies hat bei gutem bis sehr gutem Wachstum des Unternehmens häufig auch zu ungewollten Provisions-Explosionen geführt.

Moderne, zeitgemäße variable Vergütung im Vertrieb ist dagegen „vorwärtsorientiert", da der Leistungskorridor des Mitarbeiters jedes Jahr neu definiert wird. Bei erwartetem Markt- und Unternehmenswachstum „wandert" dieser Korridor auf der Leistungsachse des Mitarbeiters mit. Ein neues, höheres Ziel wird definiert, welches dem Marktwachstum entspricht. Die Folge davon ist, dass in modernen Zielprämiensystemen kurzfristig eine maximale Motivation zu Bestleistungen gegeben ist, ohne Einkommen langfristig und ungewollt „explodieren" zu lassen und damit das Einkommensgefüge im Unternehmen durcheinander zu bringen.

Man erkennt hier ganz klar den Unterschied zwischen moderner Vertriebsvergütung und klassischen Provisionssystemen:

▶ Neuzeitliche variable Vergütung im Vertrieb konzentriert die Vergütung auf diejenige Leistung, die „jetzt und heute" angestrebt wird. Zielprämiensysteme sind damit in hohem Maß gegenwarts- bzw. zukunftsorientiert. Herkömmliche Provisionssysteme sind dagegen tendenziell rückwärts- oder vergangenheitsorientiert, da sie immer wieder aufs Neue die Leistung aller Vorjahre vergüten.

Zweiter Tipp: Betrachten Sie Ihre variable Vergütung im Vertrieb als Führungs- und Steuerungsinstrument! Die Diskussion um die variable Vertriebsvergütung konzentriert sich heute meist relativ einseitig auf den Aspekt der Motivation. Dabei muss man allerdings beachten, dass kein Unternehmen, das eine variable Vergütung im Vertrieb praktiziert, dies ausschließlich unter dem Aspekt der Motivation leistet. Variable Vertriebsvergütung bedeutet viel mehr: Sie versteht sich in der modernen Betrachtung als der verlängerte Arm der *Führung und Steuerung*. Über die variable Vergütung werden die Mitarbeiter in differenzierte Ziele des Unternehmens bzw. des Vertriebs eingebunden. Dies betrifft sowohl kurzfristige, operative Ziele, wie z. B. Umsatz und Deckungsbeitrag. Gleichzeitig geht es um langfristige, strategische Ziele, wie z. B. Kundenziele oder Produktziele. Über die variable Vergütung erfährt der Mitarbeiter, welche

Akzente er in seiner Arbeit setzen muss und in welche Richtung er die Schwerpunkte verlagern soll.

Mitarbeiter im Vertrieb, speziell im Außendienst, wollen Handlungsfreiheit, wollen an der „langen Leine" geführt werden, wollen nicht gegängelt werden. Wenn man aber auf der einen Seite „lange Leine" gewährt, ohne die Mitarbeiter auf der anderen Seite in klare Leistungsabsprachen und -ziele einzubinden, geht „lange Leine" eher schief. Und Leistungsabsprachen sind nichts anderes als Ziele für zukünftige Ereignisse bzw. Ergebnisse, die in die variable Vergütung eingebaut werden.

Es geht bei der variablen Vergütung im Vertrieb noch um einen weiteren Aspekt: Alle Unternehmen, die ihre Mitarbeiter variabel, d. h. leistungsorientiert vergüten, wollen bewirken, dass der High Performer mehr verdient als der Low Performer. Das hat etwas mit *Einkommensgerechtigkeit* zu tun. Es braucht diesen „atmenden" Teil in der variablen Vertriebsvergütung, der gewissermaßen mit der Leistung des Mitarbeiters einhergeht. Im Selbstverständnis der modernen variablen Vergütung tauchen vor allem zwei Aspekte auf:

1. Sie soll führen und steuern.
2. Sie soll für leistungsgerechte Einkommen sorgen.

Und wenn die variable Vergütung dann 3. noch motiviert, sollte es niemanden stören.

In der Diskussion wird die variable Vertriebsvergütung heute oft sehr negativ betrachtet: das Bild von der Wurst, die der Mitarbeiter vor die Nase gehängt bekommt, wird oft gleichgesetzt mit variabler Vergütung. Dabei handelt es sich allerdings um ein sehr veraltetes Bild. Mitarbeiter sind ja keine Esel, die sich auf etwas derart Primitives auf Dauer einlassen würden. Moderne variable Vergütung ist viel anspruchsvoller im Sinne von Führung, Steuerung und Sicherstellung von leistungsgerechten Einkommen. In diesem Zusammenhang ist ein Aspekt wichtig, den die Hirnforschung bestätigt:

▶   Für den High Performer ist das hohe Einkommen immer auch eine
     Bestätigung für seinen Erfolg. Dies macht für ihn möglicherweise den
     größten Teil der Motivation aus.

Dritter Tipp: Gestalten Sie Ihre variable Vergütung im Vertrieb leistungsgerecht! Sämtliche Unternehmen sind davon überzeugt, dass High Performer mehr verdienen müssen als Low Performer. Das hört sich zwar relativ einfach an, ist aber oft schwerer zu realisieren als gedacht. In der herkömmlichen variablen

Vergütung im Vertrieb wird leistungsgerechte Vergütung eher nicht erreicht, da die Einkommen der Mitarbeiter oft von Zufälligkeiten abhängen. Ein Beispiel soll dies verdeutlichen:

> **Beispiel**
> Der Außendienstmitarbeiter, der in einem Gebiet mit einem nur kleinen Kundenpotenzial eine gute Aufbauarbeit leistet, hat einen hohen Marktanteil, ist engagiert unterwegs und talentiert, verdient aber nur wenig, weil er gewissermaßen das „falsche Gebiet" übernommen hat.
>
> Sein Kollege im potenzialstarken Gebiet ist vielleicht weniger engagiert, weniger talentiert und bringt eine schwächere Leistung, verdient aber im Rahmen seiner variablen Vertriebsvergütung aufgrund seiner Provision mehr, da diese auf alle Umsätze bzw. Deckungsbeiträge vergütet wird, die im Verantwortungsbereich des Mitarbeiters anfallen. Die Vergütung sorgt hier dafür, dass die Einkommensstruktur im Unternehmen ungerecht gerät.

Derartige leistungsungerechte (weil zufällige) Vergütungen führen bei den Mitarbeitern, die von der variablen Vergütung benachteiligt werden, zu Frustration und Demotivation. Bei den Mitarbeitern, die vom Vergütungssystem bevorzugt werden, führt dies zu Lethargie und Untätigkeit. Man kann sich gewissermaßen im „gemachten Bett" ausruhen und die Früchte genießen, die man selbst gar nicht erwirtschaftet hat.

Solche Ungerechtigkeiten lassen sich in einer gut gemachten variablen Vergütung im Vertrieb dadurch vermeiden, dass die verschiedenen Mitarbeiter mit unterschiedlich hohen Zielen geführt und vergütet werden, die die Möglichkeiten im jeweiligen Verantwortungsbereich widerspiegeln. Der Mitarbeiter mit einem hohen Kundenpotenzial muss vielleicht 1 Mio. Deckungsbeitrag erwirtschaften, um seine Zielprämie im Rahmen der variablen Vergütung zu erhalten. Der Mitarbeiter mit dem kleinen Kundenpotenzial muss vielleicht nur 700.000 EUR Deckungsbeitrag erwirtschaften, um die gleiche Prämie zu erhalten.

Individuelle Ziele bergen in gut gemachten Systemen der variablen Vergütung die Chance, die eigentliche Leistung des Mitarbeiters statt Zufälligkeiten zu vergüten. Damit können die Spezialitäten und Besonderheiten im Verantwortungsbereich des Mitarbeiters über die Ziele abgebildet werden. Wenn man sich über eine neue variable Vergütung im Vertrieb Gedanken macht, muss man irgendwann die Entscheidung treffen, ob man Zufälligkeiten vergüten möchte oder die eigentliche Leistung des Mitarbeiters. In modernen Systemen der variablen Vertriebsvergütung drückt sich diese Leistung immer im Grad der Zielerreichung aus.

Aber nicht nur die Höhe der Ziele entscheidet über eine leistungsgerechte Vergütung, sondern auch die ausgewählten Leistungskriterien. Im Projektvertrieb (z. B. Sondermaschinenbau oder Software-Entwicklung) hat man es mit stark volatilen und zufallsträchtigen Umsätzen bzw. Deckungsbeiträgen zu tun. Dort ist die Vergütung von Auftragseingängen, Umsätzen oder Deckungsbeiträgen oft genau der falsche Vergütungsansatz. Hier empfehlen sich meist andere Vergütungskriterien für die variable Vergütung, z. B. solche, die an den Aktivitäten des Mitarbeiters festmachen, die ihrerseits wieder die Grundlage für zukünftige Erfolge darstellen.

▶   Derartige zielorientierte Systeme der variablen Vergütung im Vertrieb
    sind deutlich leistungsfokussiert. Die Einkommen der High Performer
    differenzieren sich stärker von denen der Low Performer. Die klas-
    sische Provision mit ihren Hängematten- und Gießkannen-Effekten
    kann nicht leisten, was eine moderne Vertriebsvergütung ermöglicht.

Vierter Tipp: Arbeiten Sie in Ihrer variablen Vertriebsvergütung mit differenzierten Zielen! Wenn eine variable Vergütung im Vertrieb führen und steuern soll, ist es naheliegend, die Vertriebsmitarbeiter in all jene Ziele einzubinden, die sie auch bewegen können und sollen. Die klassische variable Vergütung im Vertrieb ging stets davon aus, dass es genügt, den Umsatz zu vergüten, den der Mitarbeiter erwirtschaftet. Die heutige wirtschaftliche Umwelt ist allerdings viel zu komplex geworden, um damit auf Dauer noch erfolgreich sein zu können. Es kommt darauf an, die Vertriebsmitarbeiter (im Außen- und Innendienst) differenziert in Ziele einzubinden, die genau das widerspiegeln, was das Unternehmen braucht. Deshalb tauchen in einer modernen variablen Vertriebsvergütung Deckungsbeiträge auf, es werden Ziele für den Ausbau bestimmter Kunden oder Produkte angesetzt usw. Das Unternehmen benötigt z. B. Wachstum über Neukunden oder es möchte bestimmte Strategie-Kunden ausbauen; es möchte evtl. in neue Marktsegmente, Branchen oder Zielgruppen vordringen. Wenn dies vom Mitarbeiter umgesetzt werden soll, sollten diese Ziele in die variable Vergütung aufgenommen werden.

Ein ganz anderer Aspekt sind Aktivitäten, die der Mitarbeiter erbringen muss, um den mittel- und langfristigen Erfolg sicherzustellen. Die meisten Systeme der variablen Vergütung im Vertrieb kranken daran, dass sie ausschließlich an fertigen Ergebnissen festmachen, wie z. B. Umsatz oder Deckungsbeitrag. Dies verleitet die Mitarbeiter geradezu dazu, über die variable Vergütung den „schnellen Euro" zu suchen, d. h. nur die Dinge zu tun, die sich schnell in Prämien niederschlagen. Die Grundlagen-Arbeit, die die mittel- und langfristigen Ergebnisse absichert, unterbleibt dabei allerdings häufig. Das können Maßnahmen zur Kundenbindung sein, das kann die Angebotsverfolgung sein oder auch Besuche bei Absatzmittlern usw. Wir wickeln heute kaum mehr ein Beratungsprojekt ab, ohne derartige Aktivitäten in die variable Vertriebsvergütung aufzunehmen.

Wie viele Kriterien sollen nun über Ziele eigentlich vergütet werden? Fünf bis sechs Ziele sind in der modernen Vergütung im Vertrieb relativ üblich. Die notwendigen Zahlen sind erfahrungsgemäß in den Unternehmen vorhanden, denn es sollen ja nur wichtige Aspekte in die variable Vergütung eingehen. Dabei müssen nicht alle Ziele zählbar/messbar sein. Den Kern einer gut gemachten variablen Vergütung bilden sicherlich die quantitativen (also die zählbaren/messbaren) Ziele. Beispiele sind Deckungsbeiträge, Umsätze, Kundenziele, Produktziele, Aktivitätenziele usw.

Daneben gibt es in der modernen Vertriebsvergütung aber auch Projektziele, in die die Mitarbeiter eingebunden werden. Dabei geht es in erster Linie um Weichenstellungen für die Erfolge der nachfolgenden Jahre. Man erkennt also, dass sich die moderne variable Vergütung im Vertrieb durchaus für „weiche" Kriterien öffnet, die nicht mehr einfach zählbar/messbar sind. Dem liegt folgender Gedanke zugrunde: Das, was man im Rahmen der Vertriebsvergütung vergütet, muss für das Unternehmen wichtig sein und muss das Unternehmen voranbringen. Erst in zweiter Linie zählt die Frage, ob Ziele dann auch messbar sind.

▶   Es wäre fatal, in der variablen Vergütung auf die Vergütung eines wichtigen Aspekts zu verzichten, nur weil er nicht zählbar/messbar ist!

Fünfter Tipp: Die Elemente der variablen Vergütung im Vertrieb sollten vom Mitarbeiter beeinflussbar sein Viele Unternehmen achten bei ihrer variablen Vertriebsvergütung zu wenig darauf, nur solche Aspekte zu vergüten, die der Mitarbeiter auch unmittelbar beeinflussen kann. Es genügt einfach nicht, den Mitarbeiter in eine variable Vergütung einzubinden und ihn an einer Größe festzumachen, die er nicht beeinflussen kann. Solche Vergütungssysteme greifen nicht, ihre Wirkung verpufft und es ist letztlich schade für das Geld, das das Unternehmen investiert. Variable Vergütung im Vertrieb, die nicht oder zu wenig von der persönlichen Beeinflussbarkeit ausgeht, hat „Gießkannen"-Charakter: Das Einkommen des High Performers unterscheidet sich zu wenig von dem des Low Performers.

In der Auswahl der richtigen und wirkungsvollen Vergütungskriterien liegt der Schlüssel für ein qualifiziertes Vergütungssystem. Hier muss im Zweifelsfall auch von der üblichen Vergütung von Umsatz, Auftragseingang und Deckungsbeitrag abgewichen werden, wenn sich diese zu zufallsorientiert ergeben und wenn sich die eigentliche Leistung der Mitarbeiter darin zu wenig widerspiegelt. In diesen Fällen vergütet man z. B. Aktivitäten des Mitarbeiters, die als Erfolgstreiber wirken. Man bewerkstelligt dies über ein Punktesystem, das die Wichtigkeit der Aktivitäten ausdrückt und den Arbeitsaufwand, der hinter der einzelnen Aktivität steht. Will ein Mitarbeiter sein Einkommen über die variable Vertriebsvergütung steigern, muss er dabei möglichst viele Punkte sammeln, was meist zu einer ausgesprochen effektiven Vergütung mit Führungs- und Steuerungscharakter führt.

Bei einem gut gemachten System der variablen Vergütung im Vertrieb muss streng darauf geachtet werden, nur diejenigen Aspekte zu vergüten, die der Mitarbeiter auch bewegen kann. Insofern zwingt die Überlegung für ein neues System der variablen Vergütung geradezu dazu, sich auf das zu konzentrieren, was der Mitarbeiter beeinflussen kann und soll. Gestaltet man ein neues System der variablen Vergütung, kommt es darauf an, diesem Aspekt genau nachzugehen:

- Was kann der Mitarbeiter wirklich bewegen?
- Was unterscheidet (in der Arbeitsweise) den High Performer von einem Low Performer?
- Welche Ergebnisse sind signifikant?
- Welches Verhalten muss ein erfolgreicher Mitarbeiter an den Tag legen, um im Rahmen der variablen Vergütung bestehen zu können?

Genau diese Fragen sind es, die den Einstieg bilden für die Entwicklung der wichtigen und richtigen Leistungskriterien, die zukünftig vergütet werden sollen.

▶ Variable Vertriebsvergütung entfaltet dann Wirkung, wenn drei Dinge beachtet werden: Die richtigen Vergütungselemente, faire Ziele sowie eine spannende Vergütungstechnik. Die oft gepriesene Beteiligung der Mitarbeiter an einem *Kollektivergebnis* (z. B. Unternehmensgewinn) greift zu kurz, da sich der Mitarbeiter außerstande fühlt, dieses Ergebnis zu beeinflussen.

Sechster Tipp: Vergüten Sie in Ihrer variablen Vertriebsvergütung nach Möglichkeit Deckungsbeiträge! Im Rahmen der variablen Vergütung im Vertrieb spielt der Deckungsbeitrag heute eine große Rolle. Schätzungsweise entscheiden sich deutlich über 90 % der Unternehmen, die aktuell auf eine neue variable Vergütung umsteigen, für den Deckungsbeitrag als Vergütungskriterium. Dabei ist der Deckungsbeitrag nur eines von mehreren Vergütungskriterien, aber in den meisten Fällen ein äußerst wichtiges.

Unternehmen gehen heute im Rahmen ihrer variablen Vertriebsvergütung mit dem Thema „Deckungsbeitrag" sehr offensiv um: Sie haben längst erkannt, dass eine Einbindung der Mitarbeiter in Deckungsbeiträge nachhaltig positive Wirkungen auf das Verhalten der Mitarbeiter zeigt. Vor kurzem berichtete der Vertriebsleiter eines Unternehmens mit 140 Außendienstmitarbeitern, dass seit Einführung der deckungsbeitragsorientieren variablen Vergütung rund 80 % der Anrufe seiner Mitarbeiter ausbleiben, die nach zusätzlichen Preisnachlässen für Kunden fragen.

Die Mitarbeiter, die im Rahmen der variablen Vergütung in Deckungsbeiträge eingebunden sind, haben die nötige Transparenz, um beurteilen zu können, ob ein Preisnachlass Sinn macht oder nicht. Und vor allem: Sie geben so wenig Preisnachlässe wie möglich, weil diese letztlich ihr eigenes Einkommen reduzieren. Dabei geht es aber nicht nur um die Vermeidung von Preisnachlässen. Eine Berücksichtigung von Deckungsbeiträgen des Mitarbeiters hat darüber hinaus noch weitere Vorteile:

- Durch den Ausbau der ertragsstarken Artikel- und Produktbereiche steigt der Deckungsbeitrag.
- Durch den Ausbau der ertragreichen Kunden steigt der Deckungsbeitrag.
- Durch „Bändigung" der eigenen Kosten des Mitarbeiters steigt ebenfalls der Deckungsbeitrag (in der variablen Vertriebsvergütung wird üblicherweise ein Deckungsbeitrag vergütet, der sich *nach* den Kosten des Mitarbeiters ergibt).

Würde es dann nicht genügen, nur den Deckungsbeitrag zu vergüten oder soll man im Rahmen der variablen Vergütung weitere Leistungskriterien berücksichtigen? Die Hereinnahme von Deckungsbeiträgen in die variable Vergütung ist mit Sicherheit richtig und wichtig, aber reicht alleine noch nicht aus.

▶   Das Unternehmen braucht nicht nur den kurzfristigen Erfolg, sondern auch den langfristigen, strategischen. Dazu gehören Kundenziele, Produktziele, Ziele für Aktivitäten usw. Also wird der Deckungsbeitrag in einem guten System der variablen Vergütung immer nur einer von mehreren Aspekten sein – in aller Regel aber ein ausgesprochen wichtiger.

Siebter Tipp: Gestalten Sie die Umstellung auf die neue variable Vergütung im Vertrieb mitarbeiterfreundlich! Die Umstellung der Vertriebsmitarbeiter auf eine neue variable Vergütung zählt zu den sensibelsten Themen überhaupt. Erfahrungsgemäß neigen die Mitarbeiter dazu, an der bisherigen, gewohnten variablen Vergütung festzuhalten, weil sie vertraut und über Jahre hinweg eingeübt ist.

Allerdings sind oft die Nachteile einer herkömmlichen variablen Vergütung im Vertrieb für das Unternehmen nicht zu übersehen (z. B. Vergütung der tendenziell falschen Leistungskriterien im Rahmen eins eher „langweiligen" Vergütungsverlaufs). Aus der Sensibilität des Themas resultiert, dass das neue Vergütungssystem nicht per „trial and error" eingeführt werden darf. Fehler werden nicht verziehen, und die Zahl möglicher Fehler, die bei der Einführung einer neuen variablen Vergütung unterlaufen können, ist relativ groß. Bei der Einführung der neuen variablen Vergütung gilt: Sie haben nur einen Versuch frei! Ist durch einen Fehler erst einmal Porzellan zerschlagen, sind Nachbesserungen erfahrungsgemäß nicht mehr möglich. Daraus aber abzuleiten, lieber nichts zu tun und mit der alten, defizitären variablen Vergütung weiter zu arbeiten, kann nicht die Lösung sein. Was ist nun zu beachten?

- Eine neue variable Vergütung im Vertrieb kann *nicht per Änderungskündigung* eingeführt werden. Dies wäre nach geltendem Arbeitsrecht nicht durchsetzbar. Darüber hinaus wäre eine solche Vorgehensweise extrem unklug in Anbetracht der Sensibilität des Themas. Das Misstrauen gegenüber der neuen variablen Vergütung würde dadurch geradezu gefördert werden. Die Einführung der neuen Vergütung kann also nur im gegenseitigen Einvernehmen realisiert werden.
- Für die Einführung der neuen variablen Vergütung im Vertrieb benötigt man die *Zustimmung des Betriebsrats.*
- Mit Umstieg auf das neue Vergütungssystem dürfen die Mitarbeiter keine Einkommensbenachteiligungen erfahren. Fast alle Vergütungsumstellungen erfolgen in der Weise, dass die Mitarbeiter *einkommensneutral* auf das neue Vergütungssystem umgestellt werden.
- Mit Einführung der neuen variablen Vertriebsvergütung sollten die Mitarbeiter für eine Übergangszeit *abgesichert* werden: Sie können bereits im ersten Jahr nach Einführung des neuen Vergütungssystems mehr verdienen, aber nicht weniger, als ihnen das alte Vergütungssystem gebracht hätte.
- Vor Einführung der neuen variablen Vergütung sollten die betroffenen Mitarbeiter in die Entwicklung des neuen Vergütungsmodells einbezogen werden. Die *Integration der betroffenen Mitarbeiter (und des Betriebsrats)* in das Projekt ist die Voraussetzung dafür, die notwendige Zustimmung für die neue variable Vertriebsvergütung zu erhalten.
- Man kann Vergütungssysteme so konstruieren, dass sie den Mitarbeitern *mehr Chancen* (bei Zielübererfüllung) bieten *als Risiken* (bei Zieluntererfüllung). Die Kurve der variablen Vergütung läuft „nach oben" steiler, als sie „nach unten" abfällt. Damit möchte man den Mitarbeitern deutlich machen, dass es

bei der neuen variablen Vergütung nicht um ein Bedrohungsszenario geht, sondern um ein Verlockungssystem, das zu guten Leistungen führen soll.

Beachtet man mit Einführung der neuen variablen Vergütung diese Aspekte, erreicht man in aller Regel eine Akzeptanz von 100 % aller Mitarbeiter. Sollte ein ängstlicher Mitarbeiter nicht sofort auf die neue Vergütung umsteigen, dann entscheidet er sich erfahrungsgemäß ein halbes Jahr oder ein Jahr später für das neue Vergütungsmodell. Dann hat er nämlich erlebt, dass seine Kolleginnen und Kollegen nicht weniger verdienen, sondern eher mehr. Damit sind erfahrungsgemäß auch die Bedenken gegenüber der neuen variablen Vergütung beseitigt.

▶ Je mehr Mitsprache die betroffenen Mitarbeiter erhalten, desto leichter wird die Einführung des neuen Vergütungssystems gelingen. Wenn ein ängstlicher Mitarbeiter nicht sofort mitzieht, geben Sie ihm Zeit. Die Erfahrungen seiner Kollegen werden dafür sorgen, dass seine Bedenken ausgeräumt werden.

Weiterführende Literatur

Eckardstein, D.v. (Hrsg.): Handbuch Variable Vergütung für Führungskräfte. Vahlen, München (2001)

Friedag, H.R., Schmidt, W.: Balanced Scorecard – Mehr als ein Kennzahlensystem, 2. Aufl. Haufe, Freiburg (1999)

Herber, H.: Motivationspsychologie – Eine Einführung. Urban-Verlag (1976)

Hornstein, E.v., Rosenstiel, L.v.: Ziele vereinbaren – Leistung bewerten. Langen Müller Herbig, München (2000)

IG Metall Bezirksleitung Baden Württemberg (Hrsg.): ERA-Wissen Handbuch, IG Metall Bildungsstätte, Lohr (2006)

Kieser, H.-P., Finkenrath, R.: Marktgerechte Preispolitik – Richtig kalkulieren, überzeugend verhandeln. Haufe, Freiburg (1991)

Mutafoff, A., Glatz, I.: Ziele vereinbaren und Strategien realisieren – Erfolgsfaktoren der Unternehmens- und Mitarbeiterführung. Moderne Industrie, Landsberg (2001)

Pinczolits, K.: Produktivität im Vertrieb, Führen von leistungsschwachen Verkäufern. FH Wiener Neustadt für Wirtschaft und Technik, Wiener Neustadt (2012)

Sprenger, R.K.: Vertrauen führt – Worauf es im Unternehmen wirklich ankommt, 2. Aufl. Campus, Frankfurt a. M. (2007)

Stroebe, R.W., Stroebe, G.H.: Motivation, 9. Aufl. Verlag Recht und Wissenschaft, Heidelberg (2004)

© Springer Fachmedien Wiesbaden 2016
H.-P. Kieser, *Variable Vergütung im Vertrieb,*
DOI 10.1007/978-3-658-07144-8

Sachverzeichnis

© Springer Fachmedien Wiesbaden 2016   151
H.-P. Kieser, *Variable Vergütung im Vertrieb*,
DOI 10.1007/978-3-658-07144-8

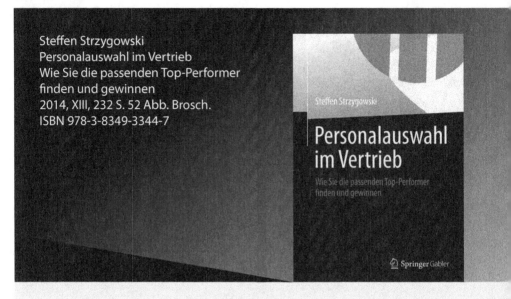

Printed by Books on Demand, Germany